本书获得教育部人文社会科学研究青年项目"认知视野下反义形容词对称性研究"（16YJC740003）资助。

反义词
好坏
的
对称性研究

A Study on Symmetry of Antonym
"Hao" and "Huai"

曾 李 著

世界图书出版公司

西安 北京 上海 广州

图书在版编目（CIP）数据

反义词"好""坏"的对称性研究 / 曾李著 .—西安：
世界图书出版西安有限公司，2018.8
（学术文库）
ISBN 978-7-5192-4936-6

Ⅰ.①反… Ⅱ.①曾… Ⅲ.①汉语—反义词—研究
Ⅳ.① H136.2

中国版本图书馆 CIP 数据核字（2018）第 188862 号

书　　名	反义词"好""坏"的对称性研究
著　　者	曾　李
策　　划	孔令钢
责任编辑	李江彬
出版发行	世界图书出版西安有限公司
地　　址	西安市北大街 85 号
邮　　编	710003
电　　话	029-87214941 87233647（市场营销部）
	029-87234767（总编室）
网　　址	http://www.wpcxa.com
邮　　箱	xast@wpcxa.com
经　　销	新华书店
印　　刷	北京市金星印务有限公司
开　　本	787mm×1092mm，1/16
印　　张	11.75
字　　数	200 千
版　　次	2018 年 8 月第 1 版　2018 年 8 月第 1 次印刷
国际书号	ISBN 978-7-5192-4936-6
定　　价	48.00 元

前　　言

本书的研究工作围绕世界语言中一对基本的反义形容词"好"和"坏"展开，以标记理论、"两个三角"理论、"主观视点"理论、"小句中枢说"理论为指导，基于大型语料库对"好""坏"的对称性进行全面系统的考察与分析，共时研究和历时研究相结合，注重新语料的发掘以及新角度的拓展，深挖这类反义词对称性纠结背后的原因。

本书共分为七章，每章的主要内容如下：

第一章对本书的研究对象、研究意义、研究现状及采用的理论方法作了一定的梳理和叙述。对于"好""坏"的对称性研究既有理论价值，又有实践意义，现有研究已涉及了这一问题，但还不是很全面透彻，本书即对"好""坏"的对称性情形作尽可能细致入微的描写以及进一步的阐释，将反义词的对称性研究推向深入。

第二章主要对"好""坏"在词汇层面上的对称性进行研究。"好"和"坏"的中心意义是对称的，而由此扩展出的边缘意义是不对称的。无标记项"好"的使用频率明显高于有标记项"坏"。根据儿童语言学的最新研究成果，"好"的习得是先于"坏"。在构词上，"好"倾向于前置构词，"坏"倾向于后置构词，二者构成的词语有定中、状中、动补、重叠等多种类型，表现出"形式和语义基本对称"，"形式对称，语义部分对称"，"形式对称，语义不对称"，"形式和语义均不对称"四种对称分布情况，形式和意义之间存在着一种扭曲关系。

第三章主要对"好""坏"在句法层面上的对称性进行研究，重点考察的是"好""坏"在定语和补语两个典型位置的对称纠结。定语位置上的"好""坏"具有满意度评

价和功能性评价两类评价功能,名词中心语[＋两面性][＋主观性][＋功用性]
的语义特征对定语位置上"好""坏"的对称性起主要制约作用。补语位置"好""坏"
的形式与语义的匹配情况多样,主要有句法分布形式对称,语义也对称,语义指向
为同一对象(动作施事、受事、动作本身),句法分布形式对称,语义不完全对称,
句法分布形式和语义均不对称三种分布情形。"好""坏"义项的不对称,使用频
率的差异,搭配动词的语义倾向以及人们的趋利心理等共同制约着"V好""V坏"
二者的对称性。主语位置"好""坏"形式与语义是基本对称的,谓语位置的"好""坏"
在评价身体健康与否时是对称的,动态用法"好/坏起来""好/坏下去"是对称的。
状语位置上的"好""坏"是完全不对称的,有时与"好"相对称的是"难"。当"好""坏"
在句中充当独立成分时,"好"的功能比"坏"丰富,二者也是不对称的。

　　第四章对"好""坏"在一些特定格式中的对称性进行研究。首先"好""坏"
常对举出现,此时"好""坏"都是对称的,对举结构表达周遍含义。本书主要分
析了并列式词语"好坏""V好V坏""好"和"坏"在同一句法位置的共现、否
定对举式以及成语俗语中二者的对称性情形。其次,非定量形容词"好""坏"在
计量方式上是不完全对称的,"稍微＋形容词"这一客观微量表达排斥贬义词"坏"
的进入,在中量、高量、极量的表达上"好"和"坏"都是对称的;在主观计量方
式中,"好"不能进入微量表达方式"有点儿＋形容词","坏"没有中量表达式,
而二者在高量和极量表达中都是对称的。在疑问句中,无标记项"好"的询问域是
大于有标记项"坏"的。在各种类型的比较句中"好""坏"是基本对称的。另外,
"好"还生成了"好＋不＋形""好个……"等特定构式。最后,对"好""坏"
构成的各类重叠式以及在方言中的表现也作了对称性考察,二者也是不对称的。同时,
在大量真实语料的基础上,可以发现不同语体中"好""坏"的使用也是极不平衡的。

　　第五章对"好""坏"的对称性进行了历时考察。"好""坏"出现时间均较早,
且"好"先于"坏"。在进一步的语义演变过程中,二者呈现出不同的轨迹,"好"
的意义和功能渐趋丰富,"坏"的意义和功能发展相对缓慢,历时发展的不平衡能
够很好地说明共时层面的一些不对称问题。接着通过对"好比""正好""好看""幸
好""好生""X坏"等词语的语法化和词汇化现象考察,可以知道现代汉语"好"
和"坏"的诸多不对称有着历史的原因。

　　第六章对"好""坏"呈现出的对称性纠结现象进行解释。首先,从语言系统

内部来看，语言系统的经济性要求语言符号的使用尽量达到最大性价比，无标记项"好"承担的义项要多于有标记项"坏"，语言表达的经济性是指在人们进行言语表达时采用尽可能简单的语表形式表达尽可能多的语义内涵，"好""坏"的反义对称类推构词符合省力要求。同时，关联标记模式和"语义和谐律"也制约着"好""坏"的运用。其次，从语言外部原因来看，人们趋利避害、求好排坏的认知心理倾向也对"好""坏"不对称的产生起了重要促进作用，会话中的"礼貌原则"驱使人们有时会回避消极词语"坏"，采取含蓄婉转的表达方式，这些都是造成"好""坏"纠结的对称性现象的原因。

第七章对全书的主要观点进行总结，明确本书的创新之处，指出本书的不足之处及对未来研究的展望。

目　　录

第一章 绪 论

第一节 论题的研究意义

对称性（symmetry）是自然界遵循的一个普遍法则。"对称性"包含着对称和不对称两个方面，对称与不对称的现象大量存在于人们的日常生活中，在各个领域都有显现，语言中也不例外，在语言系统的各个层面，包括语音、构词、句法、语义和语用中都存在着对称性情形，与人们的认知心理密切相关。"从完型心理学看，对称是一种完型结构，是一个整体，是人们的一种认知期待，是一种美的满足，然而对称是相对的、暂时的，是形式的、表面的，非对称则是绝对的、永恒的、深层的，因为语言始终处于动态变化中，具有语境性、功能性和依附性。"（刘华丽2010）吕叔湘（1984）曾专文强调语言里有许多不对称现象。赵元任（1980）在《中国话的文法》里也一再指出事例。对语言中的对称与不对称现象进行分析是语言研究中的热点所在，其中反义词的对称性问题引起了诸多学者的重视，是一个十分重要的语言现象。文炼（1990）也曾指出："许多语言学者已经在语法和语义的分析中使用了'对立'的概念……对立双方的区别主要表现在有标记项上边，于是出现不对称现象。"而反义词的不对称，尤为突出的就是正反形容词表现出的不对称。

沈家煊（1999）转引Dixon（1977）的研究发现，"在形容词只是一个很小的封闭类的语言里，这些形容词都是表示大小、长幼、好坏和颜色的。如果一种语言有形容词，它们必定包括表示这些概念的形容词，也就是说，表示这些概念的形容词是最'典型'的形容词，它们都表示性质，主要做定语起修饰作用。"张敏（1998）根据北京师范大学统计中小学语文教材得出的"现代汉语三千常用词表"找出了最常用的 50 个单音词，"好"的出现频率排在第一位。Dixon 统计了 20 种只含有极少量形容词，或极少数形容词才具有明确形态标记的语言，其中 14 个语言里有"坏"，13 个语言里有"好"。Dixon 由此归纳出具有普遍性的四个最典型的形容词概念范畴，即以"大、小"为代表的"度量（dimension）"，以"新（老）、旧（幼）"为代表的"年岁（age）"，以"好、坏"为代表的"价值（value）"和以"黑、白"为代表的"颜色（color）"。类型学的研究表明，"好"和"坏"是人类语言里一对基本的反义形容词，目前学术界对于"好"和"坏"的对称性及相关问题的研究还有所欠缺，厘清"好"和"坏"的相关问题，特别是其对称性问题具有语言类型学上的普遍研究意义。

沈家煊（1999）曾将反义词中的"相对词"分为大小类、好坏类、冷热类三类，并指出有标记和无标记的对立主要存在于大小类和好坏类。张伯江、方梅（1996）也曾指出："拿形容词最基本的语义特征来说，几乎所有语言里都有表示度量、色彩、年纪和价值意义的形容词，尼日利亚的伊博语里只有八个形容词，大概是迄今所知的形容词最少的语言，这八个形容词就是'大''小''黑（暗）''白（明）''新''老''好''坏'。具有封闭的形容词类的语言里形容词大多是分布在这几个语义区域内。从这种跨语言的比较中我们认识到，形容词所表示的基本语义范畴是人类认知的共性，汉语里'大''小''轻''重''快''慢''新''旧''好''坏'等词不仅有悠长的历史，而且在任何一个时代里都是表达人们评价、态度的基本词汇。"因此需要对关注较少的"好"和"坏"这一对基本的相对词进行专门的对比研究。

根据儿童语言学的研究成果，低龄儿童对形容词的掌握个数非常有限，"从形容词的种类上看，14 个月组仅有 4 个形容词，分别是表示外部特征的'小''大''红'和表示性质评价的'好'"；"20 个月，出现了表示性质评价的'好看''好听''对'，相比 14 个月组的'好'，它们更为具体地表达了说话者的主观感觉"；"36 个月，表示情绪情感、品性行为的形容词也开始增加，如'不好''听话''聪明'等"（周兢 2009）。由此可以得知，除了"大""小"，"好"也是儿童较早掌握的形容词之一，也意味着"好坏类"形容词出现时期早，是形容词范畴里的一对基本词汇。因此对"好坏类"相对词进行全面系统的研究就显得尤为必要。

　　"好"和"坏"作为汉语里一对常用的表示评价的相对反义形容词，在各个层面上体现出了明显的不平衡情况，代表着一大类蕴涵褒贬义的形容词，反映了有无标记项的不对称，对两者作全面深入的考察，有助于完善对"好坏类"单音反义形容词的认识，深化关于不对称的相关理论，扩展汉语不对称现象的研究视角，启发从多角度对标记理论进行研究，从而对标记理论进行补充完善，因此本论题具有一定的理论意义。

　　反义词的对称性研究对于对外汉语教学具有重要意义，由于留学生在使用中很容易将反义词的对称性规则泛化，于是会出现一系列的偏误，"在第二语言学习中，学习者追求对称的心理和不对称的语言事实的矛盾是无法回避的。所以在对外汉语教学中，对反义词的问题必须给予足够的重视"（冯志峰 2008）。因此本书对反义词对称性作本体上的深入探究，尤其是代表形容词价值范畴的"好"和"坏"，同样具有非常重要的实践意义。

第二节　论题的研究现状

一、宏观研究——反义形容词的对称性研究

　　从对称性角度出发对反义词进行研究主要集中在反义形容词、反义方位词和反义趋向动词上，如"上—下""来—去""里—外"等。在反义形容词的相关研究中对于表示度量的反义形容词关注较多，着重讨论如"大—小""多—少""长—短""高—矮""深—浅""粗—细"等反义词表现出的不对称现象。

　　王立非（1994）首先梳理了"中和性、分布性、附加性、极向性、规则性、名词化中和"六条标记特征，之后选择了 50 对常用的反义形容词进行抽样调查，认为"六条标记特征在语义层次收到不同程度的语境制约，各条特征的适用性互不相同，

其中中和性、分布性和极向性特征对于反义形容词具有较为普遍的意义，附加性、规则性等特征的适用性则较低"，为标记理论应用于语义研究提供了重要参考。

沈家煊（1999）在《不对称与标记论》一书中将"标记理论"运用于语法研究，尝试对语言中的诸多对称和不对称现象作统一的描写和解释，并且专章讨论了"反义词的标记模式"，将反义词区分为"相反词"和"相对词"，又将"相对词"分为"大小类""好坏类""冷热类"三类，以"大小""好坏""多少""上下""里外""加减""来去""这那"等有标记项和无标记项为例探析了反义词的"关联标记模式"，并从认知、评价、常规等几个方面来解释了这种标记模式，是较早地系统研究反义词的对称性问题这一重要课题的专著。

张建理（1999）着重讨论的是有程度变化的层级性反义形容词的标记现象，"标记概念表现的就是一种对立的不对称关系"，反义词对中产生肯定与否定之分是因为人类希望得到的和不希望得到的两种倾向交织在一起，常相互补充，在有明显冲突的时候，反映人类评价态度的正常性优先于自然性。由于交际中的褒扬准则和乐观原则，肯定词的分布较广，出现频率较高，语言习得上有限，于是表现为无标记。

石毓智（2001）分别探讨了动词、形容词、名词及其他词类的肯定与否定的对称与不对称，并单独讨论了"干净"类词、"大小"类词、"冷热"类词的有标记和无标记情形，指出一对反义关系的形容词中积极成分的语义范围广，使用频率都远高于消极成分的使用频率，认为"形容词在问句中的有标记和无标记问题，实际上是询问域大小（语义范围）的问题。形容词的数量特征是形成有标记和无标记现象的决定因素，有相同数量特征的反义词，在有无标记的表现上也是一致的。汉语形容词的有标记和无标记现象是由各类词的量级特点和疑问句型相互作用、纵横交错形成的"，同时他指出"有标记和无标记是人类语言的一个普遍现象，它是在同样一个客观规则下产生的，因此从汉语这类现象总结出的规律，可以用来解释其他语言的有关现象"。

郭聿楷（2002）运用标记理论分析了俄语反义词的不对称特性，同样指出"表肯定、积极意义的词为无标记项，表否定、消极意义的词为有标记项"，受"乐观假说"的心理和认知倾向的影响，语言中表示正反意义的词不可能呈现一一对应的完整对称状态。

陈青松（2002）从定语位置考察了"大"和"小"的语义差别，又从中心语位置考察了"大"和"小"修饰的名词的不对称性，指出"大"和"小"修饰名词的情况是极为复杂的，二者能否修饰某个名词存有现实与潜在之分还会受到语用方面的影响，因此分析上不可能是穷尽性的，而是列取性的、开放性的。

段益民（2004）首先基于事实描写，研究单音反义形容词（如"大—小"）在一些特殊组合或句法中的不对称现象，接着以描写的语言事实为前提，对单音反义形容词所体现的汉语语法规律和汉语语法研究的相关问题作了理论思考，认为"反义形容词一般可分为表性质、表状况、表度量三类。无标记的为强态形容词，如'大、高、厚、宽、长'等，有标记的为弱态形容词，如'小、矮、薄、窄、短'等。有标记的在运用时要受到较大限制，有的句型中根本不能出现，有的句型中可以出现，但需要一定的话语前提"。

袁嘉（2004）认为现代汉语中词汇词义的不对称是由于"客观存在的制约，心理因素，人的生物特性（记忆功能）的限制"，将词汇词义的不对称从不同角度分为不同类型进行了分析，认为"词汇词义不对称的研究很有实用价值"。

宋晖（2004）主要考察了单音反义形容词充当修饰性成分和谓语两种情况的功能分布，尝试用认知语言学及标记理论对单音节反义形容词不对称现象进行解释，强调"认知优先性"的原则，文末指出汉语的不对称现象十分丰富且复杂，需要继续做进一步的研究工作。

付琨（2005）指出，关于语言中普遍存在的标记现象，存在着以下几个问题：①对词汇层面的研究较多而对语言其他层面的研究不够；②对语义平面的研究较多，解释也比较全面，但对句法和语用平面的研究不够，解释力度也不够；③对现象的描写较多而对成因的解释不够。语言中的标记现象是普遍存在的，还可以从更多的角度做更深入、更全面的探索和研究。

潘峰（2005）将汉语中的反义词类型分为绝对的反义词、相对的反义词以及规约的反义词三类，在与名词进行结合后有的保持了对称性，有的由于语义特征转移、虚化或消息而呈现出了非对称性，意义也随之发生了变化，并尝试用函数式表达出其中的规律。

许光灿（2005）主要考察了"大"和"小"加专有处所名词、称谓名词、时间名词时的不对称问题，并尝试对其作一定的解释，同时强调关于不对称问题也需要从历时层面进一步地展开和深挖，尽可能地进行多角度的研究。

赵平分、曹卫红（2006）尝试从文化学的角度对汉语反义词在使用中的地位不平衡现象进行解释，认为文化的作用不可忽视，"汉语反义词地位不平衡现象是汉民族在长期的历史发展长河中对于各种思想、观念在语言中的积淀"。

吴乐雅（2006）从宏观的角度研究了现代汉语反义词的对称性，认为"现代汉语反义词是汉语词汇系统中最为复杂的一类词，具体而言它是分布于同一语义场的两极或两侧子场，词与词之间的关系错综复杂，构成一个纵横交错的'反义网络'"，"对应的对称现象只是一个反义聚合经过筛选后的'最佳反义组合'的表现形式"，通过结合留学生学习汉语过程中所犯的错误，将造成反义词不对称的原因归纳为"反义关系的改变，反义一方的不可组合，一方有一方无的不对称现象"。

陈艳华（2007）以"大小类"反义词为研究对象，具体考察的是"大小类"反义词有无标记项在词法层面的构词力，作者在文末也提到了研究的不足之处及尚待研究的问题是对于"好坏类"的反义词还有待进一步考察。

王建珍（2007）对反义词"多"和"少"的不对称分布情况作了大致梳理，指出"'多'的语义宽泛，语法分布更为灵活多变，'少'的出现受到诸多因素的制约"，"'多'的无标记性更强，'少'的有标记性更强"。

周静（2006）分析了"大"与"小"在语音构成、出现频率与语义负载上的不对称，认为"大"与"小"在量级上的不对称是由象似性、认知取向及积极与消极的差异三种因素制约的。

谌金中（2007）就"多""少"后带名词的不对称情况进行探讨，并认为"认知的象似性、出现时间的不同步、使用频率相差悬殊"是不对称的原因。

刘国辉（2008）简要回顾了近30年来反义词现象的研究状况，指出反义词的非对称性现象是一个普通且重要的现象，但并未得到应有的重视，许多问题还有待深入探讨，指出"汉语也这样界定反义词，指意义相反的词，如'高'和'低'、'好'和'坏'、'成功'和'失败'，从使用范围看，反义词一般成对出现，如汉语的'好坏'等"，认为"如果能通过不同文体/语体的语料考察，找到反义词运用的实际差异，相信这样的数据会对文体/语体的识别有较大帮助，同时能提高其运用效率，达到更好的交际目的"。

武文杰、徐艳（2008）指出"'对称'和'不对称'是语言中的常见现象，在反义形容词的功能和用法等方面表现得尤其明显"，对"对"与"错"这对反义词在功能和搭配方面呈现出的不对称情况进行了描写，并尝试用标记理论和占位理论对这一现象进行解释，但深层次的原因还有待更为深入的探究。

杨荣华（2008）对现代汉语中"大""小"分别在词汇、短语和句法层面的对称和不对称现象进行了考察，指出"老""小"也构成了一个反义系统，于是造成了"小"和"大"的不对称，在文末作者对于研究可以考虑结合语法的三个平面理论进行了强调。

冯志峰（2008）尝试对反义词"早""晚"的不对称现象作共时和历时的考察，指出留学生很容易就将反义词的对称性规则泛化，因此在对外汉语教学中对反义词的对称与不对称必须予以重视，弄清反义词的对称性对于对外汉语教学具有理论指导意义。

皮奕（2010）尝试用标记理论对"长""短"这一对反义词进行研究，分析了"长"和"短"在构词方面、修饰与被修饰方面、充当句法成分方面的对称与不对称现象。

解妮妮（2011）选取的是"大小类"中的"厚""薄"这对反义词为研究对象，分析二者在词汇、语义演变、句法分布上的使用情况，指出"厚"和"薄"在词汇、语义和句法方面整体对称的同时又存在明显的不对称。

包文姝、郭芮（2012）对比了英汉中的极性反义形容词在原型范畴里的标记特征，认为"世界上很多语言都存在此种现象，从文化和人类的心理倾向来看，人们总是期待美好的动词，因此倾向于把具有肯定含义的词用作无标记，把否定词用作有标记。认知学理论也认为，极性反义词词对间存在着原型效应，具有积极意义的一项常常也具有中性特征，能够涵盖词对的共同属性，被认为是非标记项；贬抑类形容词具有表示特殊偏好的含义，为标记项。在认知语义范畴上，他们共同构成一个表达某种概念的范畴；每个范畴内部，非标记项为原型成员更容易被联想和激活，标记项是边缘成分"。

郝玲（2012）考察了谓语分别是强方向动词和弱方向动词时反义性质形容词"好坏""大小""冷热"三类作补语表实比虚比的情况，"当谓语是强方向动词时，只与三类反义词的一方组合，并且只能实比不能虚比；当谓语是弱方向动词时，'好坏'类作补语双方都可以实比，'好'方表积极意义的可以虚比，'坏'方表消极意义的不能虚比"。

罗苹（2012）运用符号学的分析方法——二元对立，"对俄语词汇符号的不对称性特征，包括词汇符号的非对称二元性和词汇符号的标记性，进行了较为全面系统的描写"，为反义词对称性研究提供了类型学上的支撑，指出"对词汇符号的不对称特性进行专门研究不仅具有重要意义，而且具有广阔前景"。

郎咸雯（2012）分析了"高／低"在义项、构词、固定格式使用上的对称性及不对称性，认为这对反义词的不对称现象是受到认知心理、语言的经济性原则等因素的影响，印证了标记理论无标记项的使用频率高于标记项的观点。

王静（2012）强调现代汉语的反义词是汉语词汇的重要组成部分，需要对反义词的不对称的现象和规律做深入研究，通过研究发现，"白"的使用频率要高于"黑"，"白"的构词能力明显要强于"黑"，在句法方面"白"的功能也要多于"黑"，作者最后指出对"黑"和"白"的对称性研究还欠缺类型学上的研究。

于德辉（2012）则是对反义词"高"和"低"在词汇、语义和句法三方面的不对称进行了描写和解释，指出对于"高""低"重叠不对称和否定不对称方面的问题还有待继续研究。

张玲（2013）认为，对立不对称现象是人类语言的普遍现象，存在于语言的各个层面，文章运用标记理论，对维吾尔语反义形容词在派生词和复合词的构成、形容词变成度量单位名词和熟语中的不对称现象进行了描写分析，并指出造成这一现象的动因为"以肯定现象为取向的价值观念和心理习惯""认知上的肯定项和否定项"与"语言中的经济原则"共同作用、"认知上的肯定项和否定项"与"象似原则中的顺序原则"共同作用。

二、微观研究——反义词"好"和"坏"的对称性研究

专门将反义评价形容词"好"和"坏"进行对比研究的主要有段濛濛（2006）、尹静静（2010）和方永莲（2012），对"好"和"坏"的对称性问题有了基本的探讨。

段濛濛（2006）一文选取了以"好""坏"为核心的一组反义词群为研究对象，关注到了"好""坏"及其同义词群如"佳、良、美、妙、善、优""差、次、错、歹、恶、赖、劣、糟"的不对称现象，重在对"好—坏"词群的整体不对称情况进行描写，侧重于词汇层面的词语组合的不对称现象考察，由于篇幅有限，对"好""坏"二者在不同句法位置以及特殊结构中的对称与不对称的情况涉及不是很充分，本书

更倾向于将"好""坏"二者进行单独的系统性的对称性分析，着重于"好""坏"在句法上的对称性描写和解释。

尹静静（2010）主要考察的是"好""坏"与各类名词如称谓名词、事物名词、抽象名词、时间名词、处所名词等组合的情况，列举出了能与"好""坏"搭配或不能搭配的一些词语，她在文末指出其对于"好 / 坏＋N"的考察仅限于共时层面，而能够更清晰地看出"好""坏"的发展历程、帮助更好地解决共时层面难以理解的语言事实的历时考察欠缺。本书将充分考虑这一事实，进一步完善和丰富语料事实，将共时研究和历时考察相结合，从而更全面系统地把握"好"和"坏"的对称性。

方永莲（2012）尝试描述了"好"和"坏"在语义、句法功能、语用三方面各自的特征，涉及了"好""坏"的一些基本问题，限于篇幅对于某些方面着力有限，指出关于"好""坏"对称性的诸多问题还有待作更深入的分析，本书将在这些已提出的问题的基础上继续深挖，并对于未涉及的方面作新的探析，对"好""坏"的对称性问题作尽可能透彻的分析和研究。

总而言之，对"好""坏"的对称性研究，语料事实还有待挖掘，研究角度有待拓展，解释分析有待深化，以往的研究侧重于二者在词汇层面的对称性考察，对于句法层面和语用层面"好""坏"的对称性还有待继续诠释；另外，已有研究多是对"好""坏"进行共时层面上的对称性研究，对二者的意义和功能历时层面的考察基本很少提及，欠缺类型学上的研究；同时对于反义词"好""坏"各自的单独研究较多，特别是对"好"及其相关词语比较关注，而对二者的对比研究较为欠缺。"好""坏"这一对基本反义评价形容词的许多问题仍值得作进一步的探讨。本书将基于前人已有的研究，将这一研究课题做到更深入、更完善。

第三节　论题的研究对象

"好"和"坏"是人们根据一定的客观标准来对事物进行主观评价的一对反义词，蕴涵着人们的价值观，是世界语言里形容词范畴中的一对基本概念。《现代汉语词典》（第 7 版）中标明的"好"的词性有形容词、动词、副词三类，标注的"坏"的词性有形容词、动词、名词三类，单从词性上看，"好"和"坏"就体现出了明显的不对称。本书的研究对象主要是作为反义形容词的"好"和"坏"，同一层面的"好"和"坏"才更具可比性，无标记项"好"和有标记项"坏"是对立而非对称的。

"好"除了与"坏"构成一对反义词对，按照《现代汉语反义词典》收录，"好"的反义词还有"差""次""赖""糟""歹""破""烂"等，这些也是"坏"的同义词，在有的语境下这些词替代了"坏"与"好"构成一一对称。本书主要探讨的是"好"和"坏"的对称性情况，间或讨论"坏"被替换的情形，分析造成"好"和"坏"不对称现象的制约条件。

本书所说的"对称"是指二者的形式和意义均对称的情况，"好"和"坏"二者出现的句法环境一致，形式上对称，意义上也是完全相对的，这种"对称"谓之"真性对称"，而具体语言事实中经常不乏这样的情况，例如"我吃好了"和"我吃坏了"，在这种情形里，"好""坏"二者的句法形式是对称的，而语义上并不完全对称，即两者的语义并不互补，前者的意思是"我吃饱了"，后者的意思是"我把身体吃坏了"，这种"对称"属于假性对称。本书讨论的"对称"是"真性对称"，"对称性"同时包含"对称"和"不对称"两个方面的情况。

第四节　本书的研究内容

本书拟基于大量真实语料，在功能主义的语言观和认知语言学的理论指导下，对"好"和"坏"的对称及不对称现象进行多角度的系统分析，挖掘不对称现象背后的原因和规律。主要研究内容包括：

第一，从词汇层面看"好"和"坏"构词的对称性情况，将"好"和"坏"构成的词语分为定中式、状中式、重叠式、动补式等来分别讨论其形式与语义的扭曲现象。

第二，从共时句法层面看"好"和"坏"在句法功能上的对称性，分别考察"好"和"坏"作主语、谓语、宾语、定语、状语、补语、独立语等句法成分的对称与不对称现象，重点考察二者在定语和补语两个典型位置上的对称性分布，兼而讨论"好"

和"坏"在一些特殊结构中的对称性现象。

第三，从语用角度看"好"和"坏"的对称性，"好"和"坏"对不同的语体和不同的句式具有一定的选择性和倾向性。

第四，从历时角度看"好"和"坏"的语义演变、句法演变，考察"好"和"坏"在历史发展中不同时期的对称性情况，从而更好地看待共时层面上二者的对称与不对称现象。

第五，从语言的内部和外部分别探寻"好"和"坏"出现对称与不对称情况的原因，对"好"和"坏"的对称性分布做出解释，深化对标记理论的认识。

本书拟解决的关键问题有：对"好"和"坏"的对称性情况进行详细全面的描写，对"好"和"坏"不对称现象进行深入分析，对"好"和"坏"不对称分布进行理论阐释。

第五节　本书的理论背景和方法

一、理论背景

（一）标记理论（Markedness Theory）

"标记理论"这一概念最先由布拉格学派的代表人物特鲁别茨柯依（N.S.Trubetzkoy）于 20 世纪 30 年代初创立，用于研究语音时来强调音位之间的对立关系，之后由雅柯布逊进一步发展，将其引入语法和词汇领域来描写语法和语义现象，后来乔姆斯基与哈勒等人对音位标记也作了重大改进，而今标记概念已被语言学家们广泛运用于语言学研究的各个不同领域，包括语音、语法、语义、语用、应用语言学等。

标记理论是解决不对称现象的一个重要理论基石，对反义词对的研究具有宝贵的理论价值，实际的可操作性强。沈家煊（1999）认为，"在传统标记理论的基础上，新的标记理论强调标记模式的'相对性'和'关联性'。这种标记模式具有普遍意义，并且有语用、认知和生理等方面的基础。这说明语言的结构跟语言的功能密切相关，对语法现象应从语言结构之外去寻找解释"。一对反义词内部和多对反义词之间的不对称都可以用统一的标记理论来解释。同一范畴内的成分的不对称主要就在于有标记成分和无标记成分的不对称，因此对不对称现象的深入挖掘离不开对于有标记项和无标记项的区分。

关于判别有标记项和无标记项的具体标准，沈家煊（1999）按照传统的标记理论并参照 Greenberg（1966）和 Croft（1990）为跨语言比较而设定的标准归纳为以下六类：

（1）组合标准：一个语法范畴中用来组合成有标记项的语素数目比无标记项的多，至少也一样多。

（2）聚合标准：聚合成一个无标记范畴的成员比聚合成一个有标记范畴的成员多，至少也一样多。

（3）分布标准：在句法中无标记项可以出现的句法环境比有标记项的多，至少也一样多。

（4）频率标准：无标记项的使用频率比有标记项的高，至少也一样高。

（5）意义标准：语法中无标记项的意义一般比有标记项的意义宽泛，或者说有标记项的意义包含在无标记项之中。

（6）历时标准：从历时上看，一种语言如果有标记项和无标记项都有标志，总是有标记项的标志先于无标记项的标志出现，晚于无标记项的标志消失。

（二）"两个三角"理论

邢福义（1996）指出："研究汉语语法事实，既需要进行静态分析，更需要进行动态分析。动态分析的基本做法是多角验证，对语法事实进行多角验证可以更好地揭示语法规律。多角验证的基本内容，是两个三角的事实验证。'两个三角'是汉语语法研究的基本思路和办法。"两个三角指的是"表里值"（语表形式、语里意义、语用价值）小三角和"普方古"（普通话、方言、古代近代汉语）大三角，将"两个三角"的研究角度聚焦于所研究的对象上有助于全面透彻地分析问题。本书即在这一理论原则的指导下对反义词"好"和"坏"的对称性情形尽可能地作全方位多角度的透析。

（三）主观视点理论

"主观视点"理论是邢福义先生于 20 世纪 90 年代初提出的一个重要理论。主观视点对句子的语义起主导作用，句子的语义反映了言者的主观视点。这是"主观视点"理论的核心思想（姚双云 2012）。李宇明（2001）指出："主观视点的主导作用，不仅适用于复句，而且也适用于所有的语言现象，具有普遍的理论意义。""主观视点理论适用于各种语言现象，适用于各个层级的语言单位，对汉语语法问题具有强大的解释力。"反义评价词"好"和"坏"在不同语境中的不对称情形与言者的主观视点密切相关，"主观视点"理论对"好"和"坏"不对称现象可以做出重要的解释。

（四）小句中枢理论

"小句中枢"，实际上是对汉语语法事实进行研究的一种观测点的选择（邢福义 2004）。只有小句，能够控制和约束其他所有语法实体，成为其他所有语法实体所从属所依托的语法实体，如语法系统中的词只有在小句的控制约束之下才能明确显示其语法特性和语法职能，才能发挥特定的语法作用，同时，短语的结构类型也全部为小句的结构类型所包容。研究汉语语法应重视"句管控"，即小句在中枢地位上对汉语语法规则的方方面面发挥其管束控制的作用。因此本书在讨论"好"和"坏"在不同情况下的对称性时均是主要将其置于具体的小句中来进行探究。

二、研究方法

（一）定性分析和定量分析相结合

定性分析是首先对于"好"和"坏"自身的句法语义特征以及有无标记的对立情形做出分析，定量分析是在大量语料实例和统计数据的基础上对"好"和"坏"各自的使用频率、不同位置的不平衡发展状况进行分析，对定性分析给予事实支撑，做到定性分析和定量分析两者很好地结合，共同为论题的研究服务。

（二）三个充分相结合

"三个充分"指的是"观察充分、描写充分、解释充分"。邢福义（1991）在《现代汉语语法研究的三个"充分"》中这样说道："观察充分，具体地说，就是由此及彼，随迹逼近,四面八方地辨察,海阔天空地追踪。描写充分,即是在题目划定的范围之内,通过描写把应该反映出来的规律性的东西全都反映出来,对论题进行穷尽性的描写。解释充分,是从宏观上对语法事实作理论的阐明,揭示语法事实的本质属性和本质面貌。"这一原则始终指导着本书的研究。本书基于对大量语言事实进行充分观察的前提下,对"好"和"坏"在句法语义语用各方面呈现出的对称及不对称情形进行充分的描写,并在此基础上对二者的对称性问题进行充分的阐释,对论题的分析研究尽可能达到全面透彻。

（三）共时研究和历时研究相结合

本书在共时的平面上对"好"和"坏"在不同句法位置、各种句子类型及组合结构中的使用情形作描写分析,对二者的不对称表现进行详尽考察,同时梳理二者在历时发展中的不平衡现象,共时层面呈现出的不对称是历时演变过程的反映,因此对于"好"和"坏"的对称性考察采取共时和历时相结合的研究方法,有助于更好地看待二者的对称性问题。

（四）对比分析法

对比分析法也叫比较分析法,是把客观事物加以比较,以达到认识事物的本质和规律并做出正确的评价。本书将反义词"好"和"坏"进行对比研究,考察二者在不同情况下的对称性,能够更好地发现二者的异同,从而更深刻地看待反义词对的性质。

第六节　语料来源

本书的语料和统计结果主要来自于北京大学中国语言学研究中心（CCL）语料库（古代汉语语料库和现代汉语语料库）、国家语委标注语料库、北京语言大学对外汉语研究中心的现代汉语研究语料库、《人民日报》电子语料库、台湾"中央研究院"平衡语料库及华中师范大学语言与语言教育研究中心语料库资源,还有部分取自百度搜索引擎。口语语料来自于笔者自建的 53 万字的对话语体语料,150 万字的科技语体语料,100 万字的小说语体语料,100 万字的新闻语体语料。

第二章 "好"和"坏"词汇层面上的对称性

第一节 "好"和"坏"的义项对比

Langacker（2000）指出，"一个典型的词项代表了一个复杂的范畴，它不是仅有一义，而有多个相关的意义，这些意义通过范畴化关系联系起来，构成了一个语义网络。"反义词"好""坏"各自的义项并不单一，一个多义词就是一个范畴，其中有中心意义[1]和边缘意义之分（王寅2007）。

《现代汉语词典》中形容词"好"的义项有：①优点多的；使人满意的（跟"坏"相对）。②合宜；妥当。③用在动词前，表示使人满意的性质在哪方面。④友爱；和睦。⑤（身体）健康；（疾病）痊愈。⑥用在动词后，表示完成或达到完善的地步。⑦反话，表示不满意。⑧容易。"坏"的义项有：①缺点多的；使人不满意的（跟"好"相对）。②品质恶劣的；起破坏作用的。③不健全的，无用的，有害的。④表示身体或精神受到某种影响而达到极不舒服的程度，有时只表示程度深。

《现代汉语八百词》中形容词"好"的义项有：①优点多的；令人满意的。②健康；病愈。③亲爱；友爱；相好。④完成。⑤容易。⑥表示效果（形象、声音、气味、

---

[1] Dirven&Verspoor（1998）认为有3种方法可以确定中心意义或突显意义：按照经验方法，如说到某词时，首先会想到的那个意义，按照统计方法，多义词中使用频率较高的那个意义，按照扩展方法，可称为扩展出其他意义的基础的那个意义。

味道、感觉等）好。⑦表示某些种语气。"坏"的义项有：①不好的，使人不满意的。②受到破坏的；变质的；有故障的。③作动结式的第二部分，表示引起不好的变化或程度深。

《汉语形容词用法词典》中记载的"好"有三个义项：①优点多的；使人满意的（跟"坏"相对）。②友好，友爱，相好，亲爱。③健康，病愈。"坏"有两个义项：①缺点多的；使人不满的（跟"好"相对）。②受到破坏的；变质的；有故障的。

根据以上各大词典对于形容词"好"和"坏"的解释，可以得知"好""坏"的义项对比情况为（见下表）：

好	坏
优点多的，使人满意的	缺点多的，使人不满意的
合宜，妥当	
友爱，和睦	
完成，达到完善	
表示赞许、同意、结束或转移话题	
容易表示程度深	
	品质恶劣的，起破坏作用的
	不健全的，无用的，有害的
	表示身体或精神受到某种影响而达到极不舒服的程度

"好"的中心意义是"优点多的，使人满意的"，"坏"的中心意义是"缺点多的，使人不满意的"。由图表中不难看出，"好""坏"在共时层面的义项上就已体现出明显的不对称，二者的突显意义是对称的，但由此扩展出的其他边缘意义并不对称。Waugh(1982) 提出从逻辑角度可以将标记范畴和无标记范畴看作是一种集合关系，有标记范畴为子集，无标记范畴为集，或者可以将前者看作是物体（Object），后者看作是背景（Figure），可以图示为[1]：

集（背景）

无标记

子集（物体）
有标记

---

[1]　转引自张建理. 标记性和反义词 [J]. 外国语（上海外国语大学学报），1999（3）.

上图可以对有标记项和无标记项作如下解释：无标记项的意义范围更为广泛，有标记项的意义范围相对较小，"好"和"坏"二者义项上的不对称即是无标记和有标记的对立。

第二节 "好"和"坏"的使用频率差异

"好"和"坏"作为一组相对词，在使用频率上也存在着一定的差异。根据《现代汉语频率词典》的统计结果，"好"的词次为4026，频率为0.30630，"坏"的词次为340，频率为0.02587，"好"的使用频率明显高于"坏"。通过对国家语委现代汉语语料库的检索，"好"作形容词的出现次数为21258，"坏"作形容词的出现次数为1378。积极成分"好"为全量幅词，消极成分"坏"为半量幅词，在同一个语义范畴里，"好"的语义范围广，因此使用得比"坏"更为普遍。对"相对词"而言，有标记/无标记的对立主要存在于"大小类"和"好坏类"（沈家煊1999：155），"好"是无标记项（unmarked item），"坏"是有标记项（marked item），"好"和"坏"的使用总体上呈现出不平衡状态。

通过对北京语言大学对外汉语研究中心的现代汉语研究语料库的语料检索，可以得到以下数据：

词形	词性	词频
好	形容词 (a)	2663.8656
坏	形容词 (a)	117.3437

"好"的意义更宽泛，使用频率高；"坏"的意义更具体，使用频率低。根据台湾"中央研究院"语言学研究所现代汉语平衡语料库的词频统计，频率最高的前100个词中就有"好"一词，而不同属性的"好"自身也存在着一定的使用差异，见下表[1]：

---

[1] 表中的词类标记说明：VH（状态不及物动词）、Dfa（动词前程度副词）、VL（状态谓宾动词）、VC（动作及物动词）、Cbb（关联连接词）、D（副词）。

Word	Frequency	Percent	Cumulation
好 (VH)	8089	0.166	27.146
好 (Dfa)	1038	0.021	52.469
好 (VL)	92	0.002	79.123
好 (VC)[＋vrr]	72	0.001	81.235
好 (Cbb)	67	0.001	81.779
好 (D)	12	0.000	92.723

第三节　"好"和"坏"的习得顺序

　　根据儿童语言学的研究成果，低龄儿童对形容词的掌握个数非常有限，而对于"好"的习得属于比较早的，"从形容词的种类上看，14月组仅有4个形容词，分别是表示外部特征的'小''大''红'和表示性质评价的'好'"；"20个月，出现了表示性质评价的'好看''好听''对'，相比14月组的'好'，它们更为具体地表达了说话者的主观感觉"；"36个月，表示情绪情感、品性行为的形容词也开始增加，如'不好''听话''聪明'等"（周兢2009）。另外关于儿童使用形容词的调查研究也显示：在儿童使用最多的30个形容词中"好"位居第二，"坏"位居第七。"一些个案研究，曾记录到儿童在一岁半前就能使用一些形容词，如'好、乖、大、小、高、低'等。"（李宇明2004）而一些国外学者的研究也发现，儿童先获得无标记的形容词，然后才获得有标记形容词。由此可以得知，儿童对于褒义词"好"和贬义词"坏"的掌握并不是同步的，"好"是儿童较早习得的形容词之一，"不好"也掌握得较早，而"坏"相对滞后。从这一角度而言，可知"好"比"坏"更为基本，使用频率更高。

第四节 "好"和"坏"构词的对称性

Givon（1971）曾提出"今天的词法曾是昨天的句法"。在构词上，"好"和"坏"很好地体现了两者的对称与不对称，具有一定的代表性，因此本节主要拟从"好"和"坏"正向和逆序构词方面来探讨两者的对称性及其动因。本书主要选取《现代汉语词典》（第7版）和《现代汉语逆序词典》中列举出来的词条来对"好"和"坏"构词上的对称与不对称情况进行考察。

通过统计，"好"和"坏"的前位构词和后位构词数见下表：

语素	前位构词	前位构词比	后位构词	后位构词比
好	54	85.71%	18	72%
坏	9	14.29%	7	28%

由此可见，在构词层面上，无标记项"好"的出现频率同样是高于有标记项"坏"，"好"倾向于前置构词，"坏"倾向于后置构词。根据词语的内部组合形式，可将搜集到的词典中由"好"和"坏"构成的词语分为以下结构类型：

一、定中式

这类由"好""坏"构成的定中式词语数量较大，"好""坏"分别充当定语来修饰名词性成分，词语内部呈现出了多样的对称及不对称情况。

（一）形式和语义基本对称

由"好"构成的词条词典有收录，"坏"构成的词条未被收录，但在具体语料中均可见相对称的形式，两者常同时出现，且意义也是完全相对的，这些词语组主要有："好感、坏感"，"好评、坏评"，"好意、坏意"，"好运、坏运"，"好心、坏心"，这些词对多属于临时对称。例如：

（1）啊，反正是这个满族，欺压的什么似的，什么这个了，什么那个了，反正是没有，对这好感的不多，坏感的不少。（桑凌志《1982 年北京话调查资料》）

（2）中国"希望工程"的成功实施，受到了国内外各界人士的好评。（《中国政府白皮书·中国人权事业的进展》）

（3）舆论对苏铃的婚事都不看好，甚至有人批死她不能做朱家妇。总之是坏评如潮。（岑凯伦《还你前生缘》）

（4）于再清说："他们提出问题是好意，我们也欢迎他们提出问题，共同把奥运会办好。"（新华社 2004 年新闻稿）

（5）也许会有人和你搭话，你就老老实实说话，他们没有坏意。（《读者》）

（6）这是他命中注定了的，今年走坏运，谁也没有办法。（周而复《上海的早晨》）

（7）陆小凤好像已命中注定非坐这条船不可。这究竟是好运？还是坏运？（古龙《陆小凤传奇》）

（8）是采取敌视的态度还是采取帮助的态度，这是区别一个人是好心还是坏心的一个标准。（《读书》）

例（1）中的"好感"和"坏感"的形式和语义是对称的，都是强调一种情绪。例（2）中的"好评"和例（3）中的"坏评"也是一对反义词语，"坏评"是仿"好评"对称而造出的词，意义上也是与"好评"相对称的。例（4）中的"好意"和例（5）中的"坏意"都是指人的心意。例（6）和例（7）中的"好运"和"坏运"两个词语本身也是对称的。例（8）中的"好心"和"坏心"用来指人的心思。以上的这些"好"的词条的整体意义可以从组合成分的意义推出，词语的意义较为单一，都是字面性的。这类韵律词属于高频组合，虽然组合形式在意义上还没有产生新的规约意义，但仍收录进词典。对称的"坏"类词语也同时存在，多是通过仿造"好"类词语类推生成，使用频率相对较低。

低频词语不属于常规用法，其出现往往需要语境的刺激，如"好感"没有对应的反义词，在表达相对观念时一般都采取否定表达，即"没（有）好感"，例（1）中"坏感"是在与"好感"形成对比的口语环境中出现的。"好评"的反义词语一般为"差评"，"坏评"使用得较少。"好运"的反义词语通常为"厄运""霉运"，一般不说"坏运"，例（7）中的"坏运"则是在与"好运"对举的情形下才出现。

这些都是临时仿词，从词汇系统的角度来看是不对称的。"坏心"也是多用于否定句中，如人们常用"他这个人没有坏心"等表达。

由"好"构成的词条未被词典收录，而对应的由"坏"构成的词条被收录的词语组有"好东西、坏东西"，两者除了基本义外，都存在着隐喻义。王寅（2007）指出，"一词多义的基础是 ICM，主要以意象图式为出发点，通过隐喻和转喻的映射而形成的。""坏东西"与"坏蛋"一样，从一个概念域（事物）映射到另一个概念域（人），隐喻"坏人"。"好东西"除了表示基本意义外，也在具体语境中引申出了表示"好人"的意思，但多用于否定句，因为"东西、蛋"等词语用于指称人时都是带有贬义的。例如：

（9）当初拍下这件花瓶就是觉得"中国的好东西不能再在外面漂泊了"，而现在捐赠给上海博物馆，是因为"国家是最大的'家'"。（新华社 2004 年新闻稿）

（10）钱不是坏东西，假如人们把钱用到高尚的事业上去。（老舍《二马》）

（11）他走上来与我搭讪，我看他色眯眯的样子就知道不是个好东西，马上就有了戒备，对他爱理不理的。（《中国北漂艺人生存实录》）

（12）他注视着何世纬："幸亏咱们从这儿经过，才把那两个坏东西赶走了。"（琼瑶《青青河边草》）

"词语的语义发展在两个方向上展开——转喻性转义和概念的丰富化，这符合语言的两种基本功能：借助隐喻实践掌握世界；借助科学概念认知和解释世界。"（罗苹 2012）例（9）和例（10）中的"好东西"和"坏东西"都是基本意义，"好""坏"评价物品的价值，例（11）和例（12）中的"好东西"和"坏东西"则用的是其隐喻义，用于指人，"好""坏"评价人物的品质。

词典中收录的部分由"好""坏"组构而成的词条，其对称形式虽然没有对应收录，但是相对的概念是存在的，通过对称造词在一定语境中均可以对举出现，"反义相反的仿造词与原型意义相反，这是由于仿造词中替换的语素与原型词中对应的词素意义相反造成的"（刘兰民 2001），但未收录的词条总体而言是使用相对较少的，"频率是词化的重要动力"（刘云、李晋霞 2009），这类词使用频率较低，因此相对而言词感较弱，故未能收入词典。

（二）形式对称，语义部分对称

这类"好"和"坏"构成的词语在形式上是对称的，但是语义上只有部分义项是对称的，"好""坏"构成的两个对称词条词典中均有收录，而"好"类词语的义项要多于"坏"类词语，这与无标记项"好"本身的内涵丰富及高频使用有关。这样的词语组有："好话、坏话"，"好人、坏人"，"好事、坏事"，"好处、坏处"。例如：

（13）基层组织负责人学法守法，支持司法机关依法办案，不要为罪犯求情说好话。（1993年10月《人民日报》）

（14）但是如果你聪明的话，就该知道不管在哪个国家以及属于哪种肤色，都有好人和坏人之分。（姚明《我的世界我的梦》）

（15）他看到方子中的几种药，病人吃了不会好，好人吃了不会病，不过把微量药物，溶入糖浆，加点防腐剂而已。（《读者》）

（16）中国队会从失败中吸取教训，并将有针对性地逐一解决，把坏事变成好事，以全面备战即将到来的汤尤杯赛和奥运会。（新华社2004年新闻稿）

（17）你更不能给他送礼，要送礼倒坏事，他会认为你这是没能耐的表现，是想靠送礼捞点什么。（《1994年报刊精选》）

（18）丑媳妇总要见公婆的嘛，让群众来监督批评，只有好处，没有坏处。（《邓小平文选》）

（19）说不定会使总书记对中国的"三农"问题有着更多更深刻的思考，那样，必将会给九亿中国农民带来更多更实惠的好处，给中国农业和中国农村带来更加令人鼓舞的明天。（《中国农民调查》）

"好话"包含三个义项：①有益的话。②赞扬的话；好听的话。③求情的话；表示歉意的话。"坏话"包含两个义项：①不对的话；不入耳的话。②对人或事不利的话。"好话"与"坏话"的义项不完全对称，例（13）中的"好话"即是表示求情的话，而"坏话"一词并没有与其相对的义项。"好人"表示"品行上佳的人"与"坏人"表示"品质恶劣的人"语义时两者是对称的，例（14）中的"好人"和"坏人"即是对称的，但是"好人"还可以指"没有伤、病、残疾的人"，此时与"坏人"

语义不对称，对应的可以是"病人、残疾人"等词语，例（15）中的"好人"即是与"病人"相对的。"坏事"除了与"好事"对称的表示事情性质的名词义外，还可作动词，表示"使事情搞糟"的意义，例（16）中的"好事"和"坏事"是对称的，前者的意思是"有益的事情"，后者的意思是"有害的事情"，例（17）中的"坏事"即是动词用法。"好事"构成的相关固定语"好事多磨"中的"好事"与"多磨"语义相背，意在指"好事情在实现、成功前常常会经历许多波折"，反映了人们的一种心态。"好处"有两个义项：①对人或事物有利的因素。②使人有所得而感到满意的事物。"坏处"只有一个义项，即对人或事物有害的因素。"好处"的义项①和"坏处"的义项是对称的，而"好处"引申出的第二个义项则与"坏处"不对称。因此有"好处费"，没有"坏处费"。例（18）中的"好处"和"坏处"语义相对，例（19）中的"好处"即是特指某种利益、恩惠。

还有两组词语"好日子、坏日子"和"好戏、坏戏"也是形式对称，语义部分对称，但词典中只收录了"好日子""好戏"，"坏"构成的对称词语并未收录进词典，例如：

（20）我想得开，适应性强，没过过什么好日子，所以坏日子也不在乎。（《1994年报刊精选》）

（21）他也能去，结果就带着灌夫一块儿去参加婚礼，这本来是田蚡结婚的好日子，大喜的日子嘛！（方尔加《百家讲坛·儒道之争》）

（22）他不能把一个坏戏导成一出好戏，但他起码可以把坏戏导得看上去还不错。（翻译作品《镜子里的陌生人》）

（23）这种人，早晚要出事的，国家不会眼睁睁看着她把社会风气搞坏的。等着瞧吧，好戏还在后头呢！（《中国北漂艺人生存实录》）

"好日子"有三个义项：①吉利的日子。②办喜事的日子。③美好的生活。这些义项与"坏日子"的意义也只是部分对称，词典中也只收录了"好日子"。例（20）中的"好日子"和"坏日子"对称，例（21）中的"好日子"则是专指办喜事结婚的日子。"好戏"既可以指"好的、精彩的戏"，还可以表示"反话，指难堪的场面，难以对付的事情"，"坏戏"只能表示"不精彩的戏"，例（22）中"好戏"和"坏戏"是对称的，都是评价对象"戏"是否成功，是否精彩，例（23）的"好戏"则专指未来难以应付的事情。

（三）形式对称，语义不对称

这类由“好”“坏”构成的词语虽然形式上是对称的，但是语义上是不对称的，这样的词语组有：“好家伙、坏家伙”，“好意思、坏意思”，“好蛋、坏蛋”，“好水、坏水”。例如：

（24）黑龙江省绥化市兴福乡党委书记李树祥一开口，就让人一惊：好家伙，一个乡就弄了一个皇冠车队！（1993年《人民日报》）

（25）我问当地人是谁干的，他们说是“那些坏家伙”。（新华社2004年新闻稿）

（26）当初拍的那部所谓的“纪录片”，我觉得那不过是小儿科罢了，哪里好意思在高手如林的电影学院显摆。（《中国北漂艺人生存实录》）

（27）“智者”这个字原来并没有坏意思；它指的差不多就是我们所说的“教授”。（《西方哲学史》）

（28）你想要母鸡多下蛋、下好蛋，就必须先喂它好的饲料，让它吃饱吃好。（1994年《人民日报》）

（29）布什政府目前极力将虐待事件描绘成极少数坏蛋的行为。（新华社2004年新闻稿）

（30）老号长觉得后面的理由不够充足，又加上一句：“噢，对了！还因为这些家伙一肚子坏水，所以才长疥。”（冯德英《苦菜花》）

（31）专家指出，上海有水，但缺好水，水质既受上游水污染的影响，又有本地污染源的危害，是典型的水质型缺水城市。（新华社2004年新闻稿）

“好家伙”“坏家伙”两者形式上对称，但“好家伙”在现代汉语中已成为一个叹词，主要表示惊讶或赞叹，“坏家伙”只有字面义，例（24）中出现的“好家伙”即单独用于句首表达一种感叹之情，例（25）中“坏家伙”即是“坏人”的意思，“好家伙”和“坏家伙”的意义是不对称的。“好意思”已经固化为一个动词性词语，在现代汉语中表示“不害羞，不怕难为情”，多用在否定句或反诘句中，语料中可见“坏意思”，但就是字面基本意义，例（26）中的“好意思”充当状语，句中的疑问代词“哪里”表示反问，意在否定，“哪里好意思在高手如云的电影学院显摆”也就是“不好意思在高手如云的电影学院显摆”的意思，例（27）中的“坏意思”也就是指“不好的含义",与前例中的"好意思"不是对称的。"坏蛋"除了表示"已变质不能食用、腐坏的蛋"之外,大多数时候用来专指坏人,属于名词性隐喻,是口语中骂人的话,而例(28)中的"好蛋"就是字面意义,指"完整的、质量没有任何问题的蛋",语义透明度强,例(29)中的"坏蛋"是指"坏人","好蛋"和"坏蛋"意义是不对称的。"坏水"比喻狡诈的心计;坏主意,通常说某人"一肚子坏水",用于否定某人,例(30)中说"这些家伙一肚子坏水"即是指"这些家伙心术不正",对称形式的"好水"意义并不对称,"好水"就只有字面含义,例(31)中的"好水"就是指"质量上乘的水"。以上语义不对称的词条大多是由于一方引申出了字面之外的意义,另一方仍停留在字面义上,所以二者形式对称但语义不对称。

(四)形式和语义均不对称

这类"好""坏"构成的词语"好汉、好景、好脸、好人家、好手、好性儿、坏账"等不存在相对称的形式,都属于特定用法。例如:

(32)年届80高龄的金庸一生塑造了无数血肉丰满的英雄好汉,得到几代人的追随和认同。(新华社2004年新闻稿)

(33)可是,好景不长,德军的炮弹竟打穿厚厚的钢甲,使英国的坦克失去优势。(《中国儿童百科全书》)

(34)每进你们的大门办事之前,我们心里总要衡量再三,生怕说错了话,忘了话,你们不给好脸看。(《人民日报》)

(35)李奕氏说:"那可不一样!有学问的女人嫁有学问的男人,过的是好日子,没学问的人,嫁也嫁不到好人家。"(《作家文摘》)

(36)达喀尔汽车拉力赛是世界著名的汽车大赛,被称为"世界上最艰苦的汽车拉力赛",每年都吸引着世界各地的赛车好手前来参赛。(新华社2004年新闻稿)

(37)过度投资容易引发产能过剩,并增加银行系统的坏账。(新华社2004年新闻稿)

(38)别瞧这位小姐好性儿,逼急了她,也不是好惹的。(张爱玲《金锁记》)

"好汉"不仅仅指好的男子,而是多用来表示"勇敢坚强或有胆识有作为的男子",内涵更加丰富,不存在形式和意义与其对应的"坏汉",例(32)中的"好汉"

就是与"英雄"共现，共同指称同一类对象。"好景"指美好的景况，一般是采用如例（33）中出现的"好景不长"的用法，感叹形势发生变化，有利的景况不再，事情发生了不好的变化，同样"坏景"一词也并不存在。"好脸"是转喻指"和悦的颜色"，意同于"好脸色"，没有"坏脸"的说法，例（34）中的"不给好脸看"也就是"态度不好"的意思。"好人家"指清白的人家，家世、地位都好的人家，"坏人家"的说法很少见。"好手"也不再只是字面意义，而是转喻指"精于某种技艺的人；能力很强的人"，以部分代整体，多用来指某一领域的佼佼者，不存在对称表达"坏手"，例（36）中的"赛车好手"就是指"赛车技术高超的人"。"坏账"专门用于会计上指确定无法收回的账。这类词专指某一领域的某一事物，相当于一个专门的指称，强调突出某一对象，具有独特性和唯一性，因此不存在相对称的用法。"好性儿"指"好脾气"，有"坏脾气"的说法，但无"坏性儿"的说法。还有"好气儿"（好态度）"好儿"（恩惠、好处、问好的话）"好样儿的"（有骨气、有胆量或有作为的人）均是口语中的用法，也不存在相对称的"坏"的用法。

这类形义均不对称的词语有的是一方通过转喻或隐喻机制而投射出了新的指称对象，成为专指。有的不对称情况出现在一方的词语是使用于特定领域的固定说法，或是特定语体里的常规用法，因此体现出了与另一方的形义不对称性。

由此可知，"好""坏"构成的定中式词语出现以上四种对称性分布，体现了两者词化的层级性，二者的对称情况十分纠结。"形式和语义基本对称"的"好""坏"构成的词语两者的词化进程一致，形义基本对称；"形式对称，语义部分对称"的词语一般是"好"构成的词语义项丰富于"坏"构成的词语，而产生的语义不完全对称；"形式对称，语义不对称"是对称双方词语都有一定的使用度，由于高频使用和人们的认知心理倾向，其中一方先于另一方完成词汇化进程，整体意义是非字面性的，另一方更倾向于短语，意义是字面性的；"形式和语义均不对称"是由于一方的形式和意义趋于专门化，对称的形式和意义人们的使用需求不大，故未能生成或存留下来。

二、状中式

状中式"好""坏"类词语主要指"好""坏"充当状语构成的词语。其中"好"构成的词语如"好多、好过、好久、好看、好说、好说话、好听、好玩儿、好笑"等，例如：

（1）我拿了钱急忙赶到那儿，那天晚上，吴强要了一大桌子菜，喝了好多酒，我问他出了什么事，他却无论如何也不肯说。（《中国北漂艺人生存实录》）

（2）我们把自己的事情做好了，国力增强了，老百姓的日子更好过了，台湾问题也就容易解决，祖国完全统一就能早日实现。（新华社2004年新闻稿）

（3）在北京没有一个朋友，已经好久没人陪我喝酒了，我一个人不愿意喝闷酒，所以想让他陪我，当然是由我请客。（《中国北漂艺人生存实录》）

（4）还有，我那两个丫头虽然好说话，醋劲却是很重的，今后你多陪陪她们，别跟人多搭腔，女人固然不行，男人也不行，否则她们是很会修理人的。（古龙《圆月弯刀》）

例（1）中的"好多"是"很多"的意思，例（2）中的"好过"是指"生活上困难少，日子容易过"，例（3）中的"好久"即是"很久、许久"的意思，例（4）中出现的"好说话"也就是"容易说话"的意思，指人脾气好，易于商量通融。

这类由"好"组配的词语不存在相对称的"坏"类词语，词语中的"好"的意义或词性都发生了转变，语义上不再单纯是指与"坏"（"缺点多的；使人不满意的"）对称的"优点多的、使人满意的"，在谓词性成分前延伸出了"容易、表程度深"等含义，词性上也产生了副词、动词等用法，因此不存在与其一一对称的由"坏"构成的词语。

在构词的状语位置，"好"的可现度明显要高于"坏"，无标记词"好"的高频使用带来意义的日趋丰富和使用范围的愈发广泛，词典上列举的"好"的义项就多达15条，而"坏"仅6条。如果要表达与"好"相反的意思，也大多都采用了别的词语来表达，例如"好说歹说"，"好"和"歹"相对，"歹"即是"坏"的意思，整个词语已固化表示一种反复义，指"用各种理由或方式反复请求或劝说"。这也从另一方面说明了"好"和"坏"不是完全对称的一对反义词，"好"还可以和其他词语产生对称情况，如"好看"的反义词是"难看"，"好受"的反义词是"难受"，"好听"的反义词是"难听"，这里动词前的"好"与"难"形成了对称。吕叔湘（1999）也指出这类"好"的意思是："表示效果（形象、声音、气味、味道、感觉等）好。用在'看、听、闻、吃、受、使、玩儿'等动词前面，结合紧密，像一个词。跟这个'好'相对的是'难'：难看、难听、难闻、难吃、难受。但只有'好玩儿'，没有'难玩儿'。"

三、重叠式

这类词语如"好端端、好好、好好先生、好声好气"都包含着某种重叠形式。状态词"好端端"用来形容情况正常、良好，多充当定语成分，没有"坏端端"的说法。例如：

（1）就这样，好端端的两家，被一只波斯猫折腾得一个受足了皮肉之苦，另一个付出了三千多元医药费不算，还结下了难解的冤仇。（《1994年报刊精选》）

"好好"在口语中多儿化，第二个音节读高平调，可以用于形容一种情况正常、完好的状态，多充当定语或补语成分，也可以用于谓词性成分之前作副词状语，意思是"尽力地、尽情地、耐心地"。"好"叠用表示强调，加深程度，形容词重叠一般限于褒义词（沈家煊1999：157），"坏"重叠有短语形式"坏坏地"，一般充当句中的状语成分。

"好声好气"是口语中的惯用语，指人语调柔和，态度温和，没有对称的"坏声坏气"。例如：

（2）他是好声好气的跟我说："太太，你先回房间休息一会儿，我和志善有话说。"（岑凯伦《蜜糖儿》）

另外，《现代汉语词典》中收录的其他由"好"组构而成的词语，如"好自为之、好力宝、好事多磨、好来宝"等都成了固定用法，因此也不存在对称的由"坏"构成的词语。

四、动补式

这类动补结构式词语是指由"好"和"坏"构成的逆序词，主要有："和好、修好"，"败坏、毁坏、破坏、损坏"等。例如：

（1）可以经常看到这时的儿童一会儿打架，一会儿和好，一会儿哭一会儿笑，年龄越小这种特点越明显。（方富熹、方格《儿童的心理世界——论儿童的心理发展与教育》）

（2）叶的基部硬而厚，并不断地生长；叶的梢部软而薄，不断地被损坏，好像流苏垂缨。（《中国儿童百科全书》）

这些由"好"和"坏"作补语构成的动补式词语表现出了明显的不对称性，例如能说"和好"不能说"和坏"，能说"损坏"不能说"损好"。"好"和"坏"各自搭配的语素的感情色彩是相互匹配、配套的，"好"为积极的、正面的，"坏"为消极的、负面的，与其组合的成分同样是带有一定的语义倾向的，词语搭配的语域一致，否则会造成语义冲突。

第五节 小 结

"好"和"坏"构成的词语主要有定中、状中、动补、重叠等形式，这些词语都已完成词汇化（lexicalization）或语法化（grammaticalization）进程，其中"好"构成的"好 X"类词主要有定中、状中等结构式，"X 好"类词有并列式、动补式等多种格式，"坏"构成的"坏 X"类词则主要为定中式，"X 坏"类词主要为动补式，表现出"形式和语义基本对称"，"形式对称，语义部分对称"，"形式对称，语义不对称"，"形式和语义均不对称"四种对称分布情况，形式和意义之间存在着一种扭曲关系。这种不对称情况的出现有着多方面的动因，从根本上讲，"好"和"坏"构词上出现的不对称现象主要是有着心理认知倾向和语义色彩搭配方面的原因，这一点将在后文原因阐释部分作详细分析。分析"好"和"坏"在构词上的对称性可以反映出"好"和"坏"基本的对称面貌，其他层级如短语和句法层面的"好"和"坏"的对称情况还有待进一步考察。

第三章 "好"和"坏"句法层面上的对称性

　　朱德熙（1985）认为汉语语法特点最重要之一是汉语句子的构造原则跟词组的构造原则基本上是一致的，"汉语的词类与句法成分也是一对多对应的"（陆俭明2005）。本章主要考察"好""坏"在充当不同句法成分时表现出的对称性，弄清在不同句法位置上"好"与其反义词"坏"或其他相近词语的对称匹配情况。"好"的适用范围广，除了与"坏"形成最基本的一对反义词外，在不同的语境下，"好"有时还与其他消极评价词语如"差""破""歹""难""糟""烂"等形成对称表达。反义形容词一般可分为表性质、表状况、表度量三类，单音形容词都是性质形容词，无标记的为强态形容词，有标记的为弱态形容词。有标记的在运用时要受到较大限制，有的句型中根本不能出现；有的句型中可以出现，但需要一定的话语前提（段益民2004）。"好""坏"在不同句法位置的受限度不一，在定语、补语这些性质形容词的常规句法位置上，二者都可以相对比较自由地使用，在其他性质形容词的非典型句法位置上，二者都或多或少会受到比较大的限制，使用频次相对减少。

第一节 "好"和"坏"充当定语时的对称性

　　朱德熙（1982）提出"形容词可以分为性质形容词和状态形容词两类"，其中"性质形容词包括单音节形容词（大、红、快、好）和一般的双音节形容词（大方、干净、规矩、伟大）"，"好""坏"归属于单音节性质形容词。

充当定语是性质形容词的重要功能之一。沈家煊（1997）指出"单音节形容词是典型的性质形容词"，"性质形容词更倾向于做定语而不是做谓语"，表好坏的单音节形容词倾向于不加标记直接作定语。根据标记理论（Markedness Theory），性质形容词作定语是一种无标记组配模式，在诸多句法位置中，反义性质形容词"好""坏"在定语位置的对称性问题尤为典型，如可以说"他是一个好学生"，同样也可以说"他是一个坏学生"，然而虽可以说"这是一首好歌曲"，但在需要表达相对意思时一般都说"这不是一首好歌曲"，而较少选择说"这是一首坏歌曲"，为什么同样处于定语位置的"好""坏"，与中心语组合的情形呈现出扭曲的现象呢？两者的不对称有何规律，是哪些因素制约着这些现象的产生？这些问题是本节着重讨论的，之前在构词层面讨论过的已被词典收录的词语不在本节的讨论范围之内。

反义评价形容词"好""坏"充当定语时，其后的中心语大多由名词或名词性短语充当，吕叔湘（1966）提到"好""坏"是比较自由修饰名词的单音形容词，因此本书在考察"好""坏"作定语的对称性情况时，主要是考察"好＋N""坏＋N"的对称性情况。

一、"好"和"坏"构成的定中结构的语法特征

（一）"好＋N""坏＋N"的句法位置

"好"和"坏"充当定语时构成的定中结构是体词性结构，在句子中主要充当宾语成分，"坏＋N"所在的句子多为否定句，例如：

（1）我实际觉得，拿分数去评价学生，是挺不公正的，对我来说，我觉得就没有什么好学生、坏学生，都是好学生，在我心目当中都是好学生。（《百家讲坛·关于教育的对话》）

（2）瞧吧，我才不是坏学生呢，我能既不怕累，也不怕脏！（刘心武《我可不怕十三岁》）

（3）他严于律己，以身作则，生活上不搞特殊，长途跋涉，不辞辛苦，给我们

做出了好样子。（1996年《人民日报》）

（4）在党内斗争的修养方面：一个共产党员应有独立思考的习惯，明辨真伪与是非，不盲从，不随声附和，不学坏样子，主动抵制不正确的东西。（《读书》）

（5）因为我们可以骄傲地说，西方人信仰许多不同的事物，信仰许多真实的和许多虚假的事物；信仰好的事物和坏的事物。（翻译作品《通过知识获得解放》）

上述例子中的"好学生、坏学生、好样子、坏样子、好的事物、坏的事物"即是在谓语动词"是、做出、学、信仰"后充当宾语成分。

有时"好""坏"构成的定中结构也可以充当主语，其后的谓语动词多样，例如：

（6）好产品有了，接下来就是全方位促使产品在市场叫响。芮城制药厂在广告促销方面颇具特色。（1995年《人民日报》）

（7）民爆行业之所以好产品压库底，坏产品有市场，不容忽视第三个原因是不法分子的捣乱。（《1994年报刊精选》）

（8）冯紫英、卫若兰二人正在喟叹中，忽然耳边"哔"的一声，一支箭镖了过来，正射在另一靶子上。接着便是笑声："二位仁兄，快快回议事厅，好消息来了！"（刘心武《贾元春之死》）

（9）坏消息来了，如"他们停止跟我们谈了"，"有人要照顾孩子，今天来不了"，或者其他事情。（姚明《我的世界我的梦》）

"好＋N""坏＋N"整个结构还可以充当定语，例如：

（10）好书的特点之一是提供和丰富优美高雅的纯洁的语言。（《市场报》1994年）

（11）好书坏书的力量都不能强大得立竿见影，但它却有渗透到细胞和骨髓的能量。（1993年《人民日报》）

部分"好＋N""坏＋N"结构有时会单独充当独立的称谓语，用于称呼话语对象，例如：

（12）丁德福帮女儿擦着眼泪说："好孩子，不行啊。爸爸是党员，是领导，即使牺牲在高原，那也是光荣的，但要是丢了一寸国土，可就成了千古罪人啊！"（1996年《人民日报》）

（13）妈妈抽泣着唱道："好女儿，你在我歌声中长大，又在我歌声中离去。老天爷，我一生善良，为什么要带走我天使般的女儿！好女儿，好宝贝，我要跟你去，我要跟你去啊！"（《作家文摘》）

（14）"坏人，把你的近况说一说。"（亦舒《流金岁月》）

"好""坏"充当定语构成的定中结构能够占据的句法位置是多样的，且二者在这些位置上都是可以出现的，在词性和用法上是对称的。

（二）"好＋N""坏＋N"的组合搭配

根据对国家语委现代汉语语料库语料检索的结果统计，"好""坏"充当定语成分时，主要有以下几种格式。

1．光杆"好／坏（的）＋N"

第一类组合形式是"好""坏"直接单独充当名词性成分的定语，中间有时会插入"的"，有时也省去，"汉语中绝大多数的单音节形容词都能够光杆充当定语"（张国宪2006），例如：

（15）贵宾楼就一直是为女篮参加大赛饯行的场所，有趣的是女篮从此也一直"福星高照"，每次从这里出发后都有好成绩。（新华社2004年新闻稿）

（16）员工的素质低下，好的管理方式也不可能产生好的管理效果。（《中国青年报》1991年2月16日）

（17）他们不喜欢她和我来往，认为我品德不高尚，对他们的女儿只能产生坏影响。（《追忆似水年华》）

（18）讲到二者的优劣，从好的方面说，中国画好在"清新"，西洋画好在"切实"；从坏的方面说，中国画不免"虚幻"，西洋画过于"重浊"。（婴行《中国美术在现代艺术上的胜利》）

吕叔湘（1965）根据对1400个形容词用例的考察得出的结论是："单音形容词不带de为多，带de是例外"，当"好"和"坏"与名词性成分组成的定中式结构之前还出现了其他修饰性成分时，"好""坏"和名词间使用"的"的比率较大。

2．数量词＋好／坏＋（的）＋N

这一类格式中"好""坏"充当定语的定中结构前出现了数量成分，用来修饰整个"好/坏＋N"结构，量词和中心语名词必须相匹配，例如：

（19）三十年代流行过一阵连环漫画，既诙谐又带讽刺，是一种好形式。（《读书》）

（20）更重要的是，从这些企业中，我们可以学到一些好的管理经验和先进的技术，用于发展社会主义经济。（《邓小平文选·第三卷》）

（21）一天，他对我说："小乔，我借到一只好照相机，你要拍吗？"（吉及《法濡者的悲剧》）

（22）李志田并不是一个坏干部。（丁学雷《"龙江风格"万古常青》）

（23）有些青少年沾染上一些坏思想、坏习气，这就要求教师给他们摆事实、讲道理，指明方向。（刘寿祺《教育学》）

3．程度副词＋好／坏＋（的）＋N

这一类结构中"好""坏"之前添加了程度副词"很、极、多么、挺、非常、十分、特别"等，用来修饰评价类形容词"好"和"坏"，对事物性质的程度加以强调，例如：

（24）这就是我们需要坐下来认真思考的问题，让他在履行NBA和国家队义务的同时，能够受到很好的保护，得到很好的休息。（姚明《我的世界我的梦》）

（25）雷暴时，雷电使空气中的氮气和氧气生成一氧化氮，再经过一系列变化，落到地面上后，便成了硝酸盐，是极好的肥料。（《中国儿童百科全书》）

（26）纽约一家华人饭馆里听到一名专程看望他的东北军老兵讲述了当年义勇军和韩文举的情况后，感动得老泪纵横："多么好的部队，多么好的官兵……"（《1994年报刊精选》）

（27）每当我不愿穿红皮鞋时，大人们总把手伸进去胡乱一探，然后说："多么好的鞋，快穿上吧！"（毕淑敏《婚姻鞋》）

（28）叶永烈说，由于《人物》发表赵文，《中华读书报》转载并改成"吓人"的标题，产生极坏影响，给他带来压力和伤害。（《读者文摘》）

4．比较词＋好／坏＋（的）＋N

这一类结构中"好"或"坏"之前出现了比较词"最、更、比较、较"等，带有对比的意味，用于凸显事物的量级，例如：

（29）关于明天早晨的事情，我想让你和马尔蒂尼清楚地明白，我非常快乐，非常知足，再也不能奢求命运作出更好的安排。（翻译作品《牛虻》）

（30）这次大会共进行了十个项目的比赛，我国只参加了其中的四个项目，都获得较好的成绩。（《中国儿童百科全书》）

（31）杜威认为道德的过程是从比较坏的经验到比较好的经验的不断的演变。（陈元晖《实用主义教育学批判》）

（32）在那漫长的离别中，他曾对他的孩子作过最坏的猜测，也无非是在这些年的动乱中，沦为小偷、流氓、文盲、乞丐。（张抗抗《淡淡的晨雾》）

（33）如果你可以在无须流血就能轻易获胜的时候不为正义而战，或者在稳操胜券并且代价不大的时候不战，那就会有一天只好在极不利的形势下，在只有一线生存希望的时候被迫进行战斗了，甚至还可能有更坏的情况。（《第二次世界大战回忆录》）

5．指示代词＋好／坏＋（的）＋N

这一类结构里"好""坏"之前带有"这、那"及其组成的一系列指示代词，用于指示名词中心语的范围对象，形成"这／那＋好／坏＋N""这样／那样＋好／坏的N""这么／那么好／坏的N"等用法，例如：

（34）去年，我到河南省，一个县委书记也叫我去看一个这样的村子，见不到农民，村里的马路修得比你们这儿看到的还宽，房子也比这还漂亮，我就问那个县委书记，这样好的村子在你县占多少呀？（《中国农民调查》）

（35）余静想不到解放后还有这样坏的人，深深感到自己的经验太少，特别是对徐义德这样的人认识不足。（周而复《上海的早晨》）

（36）所以金庸在这里进行了一场严肃的人性探讨，一个人一个好人，是不是可以变成这么坏的人，为什么会这么坏？有什么心理学依据？（《孔庆东看金庸小说中的侠义》）

（37）正巧那坏家伙走过叶子，便在叶子上清晰地印上了两行泥浆脚印。（叶永烈《谁的脚印》）

6．其他修饰成分＋好／坏（的）＋N

除了以上带有一定标志性成分的结构之外，"好／坏＋N"之前还可以出现其他修饰成分，相当于名词中心语之前带有多重定语成分，这些定语成分包括多种类型，有名词性短语、主谓短语、动宾短语等，例如：

（38）环境保护法是增强广大干部和群众法制观念，促进社会主义精神文明建设的好教材。（《企业环境管理》）

（39）香港同学的好习惯也教会了内地同学。（新华社2004年新闻稿）

（40）他们认为，井冈山是进行爱国主义教育的最好课堂，在这里，大家进一步了解了中国革命的历史。（《人民日报》）

（41）谁当"老好好"，就给他最低分！彻底杜绝"当面不说，背后乱说"的坏习气。（李佩甫《羊的门》）

（42）不过，这是就章太炎的苏州讲学在当时政治形势下的坏影响而言；如果从另一个方面来看，因为章太炎与蒋介石毕竟还有区别。（朱仲玉《章太炎》）

例（38）（40）中"好＋N"之前的修饰成分均是动宾短语，例（39）（42）中"好/坏＋N"之前的修饰成分为名词性成分，例（41）中"坏＋N"之前的修饰成分为俗语。

以上六种类型中"好""坏"之前的各类成分有时也能够叠加，构成复杂的复合定中式结构，例如：

（43）在分析这一现象时，有一个很好的比喻——在国家与社会的关系上，西方是"天平效应"，社会与国家总是相互制衡；但中国却是"秤式效应"，国家这头特别强大，社会显得相当软弱。（《读书》）

（44）蒂博代指出了一种最坏的情况："事关当代的时候，同行间的嫉妒、文学职业固有的竞争和怨恨使某些艺术家恼羞成怒，骂不绝口，相比之下，职业的批评家的那些被百般指责的怒冲冲的话简直就成了玫瑰花和蜂蜜。"（《读书》）

（45）真聪明，不知道开会的时候哪一位先生绞尽了脑汁才想出来了这一个好字眼，谁谓商人不通文墨耶！（刘半农《聪明的北平商人》）

（46）目前的服务行业中，服务人员待人冷淡，说话生硬、纪律松弛、效率不高，不应把这种坏风气带进许可证贸易队伍中来。（曾鹏飞《技术贸易实务》）

例（43）（44）是属于"好"和"坏"之前数量短语和程度副词叠加，例（45）（46）是指示代词和数量短语的叠加，与"好""坏"共同修饰名词性成分。

有时名词中心语会省略,直接用"的字短语"——"好的"或"坏的"来指称对象。例如:

(47)学音乐的,敢于接受资本主义搞下来的轻音乐,把好的大胆继承过来,包括港台的也可以借鉴,但是不要盲目地照搬,那里面有一部分是不那么高雅的,有些则是有毒素的。(李凌《音乐漫话》)

(48)因此,党才教导我们,对于祖先留下的遗产要有批判地继承,分别好坏,然后留下好的,改掉坏的,决不可以稀里糊涂地全盘端过来。(萧长华《萧长华戏曲谈丛》)

二、定语位置上"好"和"坏"的语义特征

根据词典释义,定语位置上"好"的基本义是:"优点多的;令人满意的;亲爱;友爱;相好"。"坏"的基本义是:"不好的,使人不满意的;受到破坏的;变质的;有故障的"。单音形容词"好""坏"是表示评价意义,带有褒贬语义色彩的一对反义词,具有[±褒义]的语义特征,蕴涵了说话人对于评价对象的价值判断。"好"在汉语评价系统里属于积极一方,"坏"属于消极一方。定语位置上的"好"和"坏"用于指示所修饰的对象是否达到了人们的预期期望值,或是事物对象是否具有一定的功用性,对称格式的语义色彩也是相对的,这是受"好""坏"本身所带的褒贬色彩影响的,因此,充当定语成分的"好"和"坏"主要有以下两个语义特征:

好:[+令人满意]、[+功能性]

坏:[-令人满意]、[-功能性]

"好""坏"具有满意度评价和功能性评价两类评价功能,同时"好""坏"在与名词成分组配时,一方面,按性质将对象分类,加以辨别,具有区别事物的功用,即可以将事物归为不同类别;另一方面,"好""坏"各自表达的正反立场明确,褒贬含义突出,感情色彩鲜明,具有给事物赋值的功用,即可以将事物赋予不同价值。

三、"好"和"坏"与名词组合的对称性

朱德熙(1982)将名词分为五类:可数名词、不可数名词、集合名词、抽象名词、

专有名词。邢福义（1996）认为名词的基本类型有三类：人物名词、时间名词和方所名词。王珏（2001）对名词的分类更为细致，从语义角度将名词分为称谓名词、身体器官名词、植物名词、抽象名词、集合名词、生命义名词、歧义名词、同义名词等类型，每一类中又细分了诸多小类。本节主要依据王珏的名词分类进行"好"和"坏"的组配考察，同时以吕叔湘《现代汉语八百词》附录的名词、量词配合表中的 400 余条典型的名词[1]和《现代汉语语法信息词典详解》中的名词库为参考。语料统计基于北京大学现代汉语语料库和国家语委现代汉语语料库，也有部分语料来自于百度搜索。

张敏（1998）指出能相当自由地构成 DN 的形容词非常少，其中"好、坏"就是其中一对，能与其直接组合的名词很多。"好"和"坏"可以直接和某些名词直接组合构成定中结构，但对 N 的选择有限制，"好＋N"和"坏＋N"结构存在着对称和不对称的纠葛，接下来本书将根据不同名词类型来对"好 N"和"坏 N"的对称性情形进行分析。

（一）"好／坏"＋称谓名词

"好"和"坏"修饰称谓名词时重在评判对象的性质，也就是说人物对象是否令人满意。"好"和"坏"与称谓名词的结合又可以细分为以下类型：

1. "好／坏"＋亲属称谓名词

这类名词里常用的有"父亲、母亲、儿子、媳妇、女儿、爸爸、妈妈、哥哥、姐姐、弟弟、妹妹、叔叔、侄子、侄女、外公、外婆、孙子"等，这些名词均可以和"好"和"坏"搭配，形式和语义均是对称的。例如：

（1）为此，黄静华说，她要做个好女儿、好媳妇、好妻子、好妈妈。（《人民日报》）

（2）我爱我的母亲，我怕我刚才对她起誓，我怕她说我这么一声坏女儿，我情愿不活着。（曹禺《雷雨》）

（3）按着她"寻个大媳妇吃馒头，寻个小媳妇吃拳头，进婆家的门就能干活才算是个好媳妇"的指导思想，为小旦寻了个大四岁的姑娘。（封智《创作点滴谈》）

（4）这样说，白莲比她还好，起码白莲从来不敢背地里骂我，也不敢对你不尊

---

[1] 关于"好""坏"与这些名词的匹配情况详见附录三。

敬，而且，她总算养下了运好，唉！真是一个不如一个，白莲不好，艾莉更加不好，难道天培命中注定，娶的都是坏媳妇？（岑凯伦《合家欢》）

（5）当得知史林珍的二儿子也曾两次被评为上海市劳动模范时，温家宝对史林珍说："你不但用自己的劳动赢得了荣誉，还培养了一个好儿子。"（新华社2004年新闻稿）

（6）我父母便有三个坏儿子：一个反革命，一个小盗，一个右派。（冯骥才《一百个人的十年》）

（7）她感受到一颗炽热的慈父的心在跳动，她在心底用已然苍老的声音喊出童年时的呼唤——好爸爸。（杨曦冬、林育农《瞿秋白唯一的女儿》）

（8）"妈在屋里哭哪！都是你这个坏爸爸，娶小媳妇，叫妈哭得象'大妈虎子'似的！坏爸爸！"（老舍《老张的哲学》）

2．"好／坏"＋官职称谓名词

官职称谓名词主要指如"书记、委员、部长、局长、主任、院长、校长、处长、科长、董事长、经理、主席、教授、讲师、研究员、主编、编辑、教师、医生、护士、诗人、明星、作者、歌手、学生、老师"等这类表示职务、职称或职业的名词，这类名词用于指称人物的身份地位，也都分别能与"好"和"坏"搭配，与"坏"搭配的可接受度降低。这一结构里的"好"或"坏"评价的是对象是否称职，是否能胜任工作，表现是否令人满意，一般用"好"来对其进行表扬歌颂，用"不称职的"等来表达批评，但也不乏人们对人物对象极其不满意时采用"坏＋N"来表达内心的情绪，例如：

（9）如何打造一支想干事、会干事、干成事、不出事的专业化村支书队伍，选出"好书记"，退出"庸书记"，监管"坏书记"，是目前基层碰到的普遍问题。（《车门川村为何选不出村支书》，《瞭望新闻周刊》2012年5月22日）

（10）真谛是我们朋友中有口皆碑的好园丁，花木经他"绿手指"一拨弄，莫不疏落有致，欣欣向荣。（《读者》）

（11）这就是说，有了一个坏园丁，香花被铲除了，毒草才得意起来。（《读书》）

（12）在周恩来总理逝世三周年的日子里，首都人民用各种方式表达对敬爱的周总理的深切怀念，以加速实现四个现代化的决心和誓言告慰人民的好总理。（《人民日报》）

（13）戈登的妹妹玛克辛和母亲罗斯当天穿着印有戈登头像的衬衫递交了请愿书，其中把布莱尔称作"坏总理"，并要求布莱尔对戈登的死承担责任。（新华社2004年新闻稿）

（14）这样说，那么，在蒋匪帮时代，是否做坏教授比做好教授还要好呢？（李辉风《雨中的雕像》）

上述例子中定语位置的"好"表示对象"书记、园丁、总理、教授"令人满意，其工作或表现给人留下美好的印象，属于正面评价，"坏"则表示人们对于这些对象的埋怨和不满，属于负面评价。

3．"好／坏"＋姓名称谓名词

这类名词主要是指人名或昵称一类的词语，人名前一般不用"好""坏"来修饰，在一定的语境下，"好＋姓名"这一结构表达说话人对人物对象的一种喜爱之情，例如：

（15）这一哭，哭得杨妈心慌意乱，一边像抚弄孩子似地抚金秀的后背，一边絮絮叨叨地劝："秀儿，好秀儿可不敢哭了，不敢哭了。"（陈建功、赵大年《皇城根》）

上例中的"好秀儿"即表达了杨妈对于金秀的怜爱之情。这里的"好"的意义比较虚，类似于口头语。

"坏"有时与人名搭配并非评判对象的好坏，而多带有一种娇嗔责备的意味。名人姓名均不能受"好""坏"修饰，如不说"好鲁迅"或"坏鲁迅"，不说"好希特勒"或"坏希特勒"。

（二）"好／坏"＋身体器官名词

身体器官名词是指"鼻子、眼睛、嘴巴、脚、耳朵、腿、胳膊、肠子"等词语，这类词语均能跟"好""坏"搭配，语义上是对称的，"好"和"坏"用来区分器官功能是否丧失，外在可见器官的外观是否令人满意。例如：

（16）用一双好眼睛你可以看清怎么跑、怎么走、怎么工作和游戏。（《读者》）

（17）几年前，她曾由坏眼睛的费伦小姐监管，在阿尔拉契亚一幢破旧的农庄上过了一个多雨的夏天。（翻译作品《洛丽塔》）

（18）没有干完一车活，他那条好腿就累得支撑不住全身，那条断腿又疼得他

龇牙咧嘴。（邓友梅《别了，濑户内海！》）

（19）我们那位大夫检查之后，就对病人的家属说，腿里面有一根骨头已经腐烂了，如果不取出来，不但坏腿难保，恐怕连生命都有危险。（翻译文学《十日谈》）

虽然"好＋身体器官名词"的对称反义形式"坏＋身体器官名词"是存在的，"坏"的意义是表示器官的功能丧失，身体出现故障，但很多情况下人们一般不采取这一表达，而是用其他形式来转述，比如用"失明的眼睛""断了的胳膊""断腿"来指"坏眼睛""坏胳膊""坏腿"，这是因为前一种表达能更准确地传达出身体器官的问题所在，即怎么"坏"了。

（三）"好/坏"＋植物名词

"好""坏"后出现的植物名词常见的有"苹果、西瓜、草莓、大豆、冬瓜、木瓜、菊花、核桃、红豆、黄瓜、芹菜、胡萝卜、甘薯、甘蔗、葡萄"等，"好""坏"与这类名词搭配时重在强调植物果实的性质，是否还存在价值，比如"好苹果"是指"果皮光洁、无虫害、成熟度适中、味正质脆"的苹果，"坏苹果"则与其相对，"坏"除了可以指对象使人不满意外，还可以指对象状态不完好。"坏苹果"除了可以指长得不好的苹果，比如"外观不佳、不甜不脆"的但仍可以食用的苹果，也可以指"被虫蛀了、已经变质无法食用"的苹果，一个倾向于指向其生长状态，一个倾向于指其实用功能。二者形式上对称，但语义上不对称。例如：

（20）在他吃痛蹲下之后，围墙后传来恶毒的咒骂声。"浪费了我一颗好苹果，"山姆惋惜地往前走。（翻译作品《魔戒》）

（21）自1980年开始的这一研究项目现已取得初步成功，计算机和摄像机已能够以70%的精确度，每秒钟筛选6个坏苹果。（《人民日报》）

（四）"好/坏"＋抽象名词

1．"好/坏"＋知识类名词

这类名词如"科学、技术、哲学、学问、知识、武术、业务、学术、艺术"等，知识类名词代表的是先进发达生产力，只有对错与否，如存在"好科学"与"伪科学"的对立，并没有明显的好坏之分。如果这类知识类的名词前添加"好""坏"则主

要是用于评价"知识"等是否给人类带来了益处,一般在对比的情况下使用。例如:

(22)好知识使你一下子从平凡的甚至微不足道的事情中看出了意义(真正的、高贵的意义)。好知识使人的感觉变得敏锐,声音、颜色、各种情感和情绪,你都能很迅捷地感觉到。好知识还给了人许多发现生活和表现生活的技巧。(《中国中学生报》2008 年 4 月 11 日)

(23)总体说,能够对自己的生活和思想产生积极或有益影响的,应该算是好知识。对自己的生活和思想产生消极或有害影响的,可以认为是坏知识。(百度搜索)

(24)Shapiro 说:"拥有了某项技术并不等于解决了所有问题。你可以拥有一项很好的技术,但是如果利用不当,好技术也可以变成坏技术。"(《多种新技术将并行未来 SAN 架构》,腾讯科技栏目,2006 年 6 月 13 日)

2."好 / 坏"+度量类名词

度量类名词包括"高度、长度、宽度、强度、厚度、额度、速度、力度、温度、湿度、程度、体积、面积、气温、体温、流量、频率、身高、血压、物价、金额"等词语,这些名词不能与"好""坏"自由搭配,这类词语都是客观量度名词,其数值不以个人意志为转移,因此均不能与主观评价词"好""坏"搭配。

3."好 / 坏"+消息观念类名词

这类词语有"消息、新闻、道理、规律、看法、想法、主意、思想、理论、计划、信息、标准、思路、事、话、事情"等,这些消息观念类名词本身就带有主观性,故均能和主观评价形容词"好""坏"搭配,形式和语义上是对称的,语义上表示评价对象是否有价值、是否对人有益或是否令人满意,例如:

(25)秸秆养牛能节约饲料粮,有利于解决"人畜争粮""猪牛争料"的矛盾;增加了农民收入,增加了粪肥,能提高土壤有机质含量,有利于提高粮食单产;还可解决烧秸秆造成的环境污染,综合效益十分明显,是一举数得的好事情。(《人民日报》1992 年 12 月 1 日)

(26)他会把一件坏事情办好,也会把一件好事情办糟。(马骏《巴顿》)

(27)当他把这个"好消息"告诉我时,我直埋怨他瞎闹,我连最简单的乐理都不懂,常把"哆来咪发梭拉西"念成"一二三四五六七",就这种水平,还想去

参加什么歌手大赛，那不是出我的洋相吗？（《中国北漂艺人生存实录》）

（28）法拉利的"赛车王"大舒马赫28日给觊觎他"王座"的对手们带来了坏消息，说自己近几年不会考虑"退休"的事情。（新华社2004年新闻稿）

（29）我从芝加哥测试回到中国，东方电视台想做一个关于这次旅行的电视专题，我觉得这是个好主意，但篮协不同意。（姚明《我的世界我的梦》）

（30）巴达兰说："一些没去过现场的人可能会对建造博物馆提出一些意见，但我不认为造博物馆是个坏主意。（新华社2004年新闻稿）

4．"好/坏"+策略经验类名词

策略类名词主要有"方法、办法、政策、法规、规定、条例、策略、战略、战术、办法、途径、路径、思路、技术、技巧"等，这类词语都能和"好""坏"进行组配，因为方法策略等均为人为制定，也具有强烈的主观性。例如：

（31）路明委员说，"他们担心粮食一少，好政策就来了；粮食一多，好政策又走了。因此我认为抓紧制定农业投入法是非常重要的。"（新华社2004年新闻稿）

（32）第一个认识腐败的积极功能的学者是莱福，他认为，腐败是一种保障系统，可以抵制政府推行的坏政策。（《读书》）

（33）突破沟通障碍需要冒一点风险，而"我"信息可以直截了当地说清楚，帮助你维护自己的权益，而不侵犯他人，同时也是取代被动攻击行为的好方法。（《哈佛管理培训系列》）

（34）哺养人民是一个好愿望，而残杀他们是一个坏方法。（翻译作品《悲惨世界》）

（35）几年来，校团委坚持用共产主义思想教育团员青年，开展多种生动活泼、富有教益的活动，不断加强和改善思想政治工作，积累了一些好经验。（《中国青年报》1985年8月6日）

（36）这件事对于我个人不是一个坏经验。（沈从文《老伴》）

5．"好/坏"+疾病类名词

"病、疾病、感冒、肝炎、近视眼、溃疡"等这类疾病类名词表达的是对人们而言不好的事物，本身的语义色彩较为明显和固定，较难再与"好""坏"搭配。

6."好/坏"＋情感态度类名词

"爱情、感情、关怀、感觉、态度、感受、立场"等这类词语的主观性强，也能与"好""坏"进行匹配，"坏"的适配度较低。例如：

（37）好感情是吃出来的，这还用怀疑吗？（《重庆晚报》2012 年 9 月 19 日）

（38）朴宰范首次出演综艺节目　坦言对 2PM 没有坏感情（新闻标题）（国际在线论坛 2011 年 3 月 9 日）

（39）千方百计做到执行任务有一个好仪表，为人民服务有一个好态度，秉公执法有一个好行为，爱岗敬业有一个好思想。（《人民日报》）

（40）Cisco：坏运气还是坏态度（新闻标题）（科技资讯网 2011 年 5 月 15 日）

7."好/坏"＋趋势结果类名词

这类名词包括"结果、成绩、效果、趋势、形势、效果、成效、效益、结局"等，一般都可以用"好""坏"进行修饰，评价事情的结果是否令人满意。例如：

（41）近年来，圆满进行了新活佛转世；随着人民生活水平的提高，有数万穆斯林去麦加朝觐；经学院学生参加国际国内《古兰经》诵经比赛，并获得好成绩。（《中国政府白皮书》）

（42）第二次他为了保险起见从跳板后起跳，结果跳出了从未有过的坏成绩。（《读者》）

（43）江泽民总书记在计划会议上讲，当前经济形势很好，同时一定要正视好形势下出现的一些必须解决的问题，防止发生经济过热现象。（《人民日报》）

（44）该厂正全力以赴扩大产量，争取在今冬明春慢性支气管炎发病高峰期为广大患者解除病痛，同时也为企业创造较好的效益。（《经济日报》1992 年 11 月 20 日）

（45）国内的风险来自通胀，信贷没有管住，出现严重的极端的天气，粮食价格大幅度的上涨，通胀上到 6 以后，可能会有很严厉的紧缩，对经济和股市都有坏效益，这是我们要考虑的风险。（程海泳《A 股市场目前估值非常低》，新浪财经 2011 年 2 月 17 日）

（46）这一行动十分简单，好像是间谍小说里信手写来的冒险行动，却并不是个好结局；因为绑票案失败时，加勒比海猎人岛上来了批罗伯尔的伙伴。（《读书》）

（47）他具有一种强烈的阶级感情，认为先知是不应该有坏结局的。（《西方哲学史》）

（五）"好/坏"＋集合名词

集合名词中常用的有代表性的有"车辆、书本、人口、人民"等，这些词语的语义所指多于一个人或事物，具有离散性，集合中的个体性质不一致，不易统一进行评价，故这类词语也不与"好""坏"搭配。

（六）"好/坏"＋动物名词

"好/坏"与动物名词的组配带有人们明显的主观情感倾向，蕴涵着人们对于名词所指对象的喜爱或厌恶之情，能够用"好""坏"修饰的动物名词多与人们的生活息息相关，例如：

（48）可能一个男孩——当然不是小家伙——坐在旁边的地板上，一边用手持它毛茸茸的头发一边说："丽芝，你是一只好狗。"（翻译作品《小飞人三部曲》）

（49）宝贝，我们进不了屋，确实进不了，那条坏狗就在车库前面。（翻译作品《厄兆》）

（50）邓小平同志曾经说过："不管黑猫还是白猫，抓得住老鼠就是好猫。"（《央视春晚"百花齐放"惹人爱》，长江时评 2014 年 1 月 14 日）

（51）查德和妻子不得不尴尬地向周围的邻居解释他们家中不翼而飞的东西都是自家的坏猫干的好事。（《这事儿说不清了：英男子所养小猫爱偷女邻居内衣》，中国经济网 2013 年 8 月 21 日）

这些动物名词表示的对象本身并无好坏之分，"好""坏"并非评价事物的本质，而是反映说话人对事物的个人态度，带着说话人的情感态度，具有强烈的主观性，动物名词之前添加"好""坏"后都带上了拟人的色彩。

（七）"好/坏"＋物质名词

这类名词用于表示一系列具体的个体事物，"好""坏"指事物的质量，例如：

（52）中国人有个传统是敬重好文章，严复那时候的人更有这样的迷信，就是

任何思想，只要能用古文表达出来，这个事实的本身就像中国经典的本身一样地有价值。（冯友兰、涂又光《中国哲学简史》）

（53）我们都倾向于写散文，不拘一格，不怕混淆了短篇小说、短篇故事、短篇论评以至散文诗之间的界限，不在乎写成"四不像"，但求艺术完整，不赞成把写得不像样的坏文章都推说是"散文"。（《读书》）

（54）按照已经知道的规矩，我没有急于饮用，先举碗过额，再端起茶碗观赏碗上的花纹，然后才转着碗慢慢品茗；饮茶时还啜啜有声，表示由衷赞赏主人的好茶。（《人民日报》）

（55）"好孩子，说漏了！我不喝坏茶？你爹的茶叶多么香，我怎能不喝，快去，好孩子！"（老舍《老张的哲学》）

（56）研究界有一种说法，叫"劣币驱逐良币"，是说由于高度的商业化等方面的原因，电视的内容有一种坏节目驱逐好节目的趋势。（《人民日报》）

（八）"好／坏"＋处所名词

表示地点的这类名词也都能与"好""坏"组配，"好""坏"评价处所的环境以及人们的满意度，但"好""坏"一般不修饰具体的地点名词，比如城市名、国家名、景点名等，"北京、武汉、黄鹤楼"等这类地名都是为大众所知晓的，这些地方的价值不以个人意志为转移，故一般不用"好""坏"进行评价，"好""坏"修饰的多为抽象的处所名词。例如：

（57）他想这种东西社会需求量少，大一些的企业都不愿生产，这正是个体户大显身手的好地方，于是办起了修理机器弹簧的门市部。（《中国青年报》1983年9月1日）

（58）说不上是一个令人愉快的地方，不过，要从头学起嘛，也不算是一个坏地方——都得从基层做起。（翻译作品《美国悲剧》）

（59）这类课题带有潜科技的性质，而且往往是富有创造精神的年青人和具有广博知识的非专业人员施展奇才的好场所。（曾近义、徐天芬《自然辩证法总论》）

（60）非常不幸，美国用来转化犯罪人员的坏场所却成了他们发展新成员再次制造罪恶的理想之地。（《美联邦调查局称"基地"仍在美监狱中发展新成员》，

中国新闻网 2004 年 1 月 7 日）

（61）老杏叔过去生活很苦，为了让自己的女儿有个好去处，就包办她的婚姻。（《读书》）

（62）抛开唏嘘和不甘，甩去杂念和希冀，奔赴下一个目的地，好好训练和打球才是正道。至少，华盛顿，不见得是个坏去处。（《历数阿联转会华府好处 吃中餐更方便能看见奥巴马》，《篮球先锋报》2010 年 7 月 1 日）

除了以上这些类型之外，还有如"云、雨、风、雷"等自然景观类名词，一般不与"好""坏"搭配，但如果其给人们带来了好处，便可以用评价词"好""坏"修饰，例如：

（63）当我们一行辞别北京，踏上草原牧区行征程，好雨就接踵而来，北方草原牧区持续了两年的干旱终于结束。青草吸足了雨水，显得格外油绿。（《人民日报》）

（64）王团长搁下碗筷，连声赞美："好雪！好雪！瑞雪兆丰年！"（曲波《林海雪原》）

（65）好风凭借力，送我上青云。香港经济犹如其城市标志——飞龙，时下，正凭借《安排》带来的春风，挣出低迷的浅滩，欲再度排空直上，昂首九重。（新华社 2004 年新闻稿）

还有时间名词如"中午、晚上"等和方位名词"东、南、西、北、里边"等都不能与"好/坏"搭配，时间名词和方位名词表达的都是客观对象，不以人们的主观意志为转移，因此很少用"好""坏"进行评价。

综合以上匹配对称情况，"好""坏"与各类名词的组合情况见下表：

		好	坏
称谓名词	亲属称谓名词	+	+
	官职称谓名词	+	+
	姓名称谓名词	+	+
身体器官名词		+	+
植物名词		+	+
抽象名词	知识类名词	+	+
	度量类名词	—	—
	消息类名词	+	+

续表

		好	坏
抽象名词	策略类名词	＋	＋
	疾病类名词	－	－
	情感态度类名词	＋	＋
	经验结果类名词	＋	＋
集合名词		－	－
动物名词		＋	＋
物质名词		＋	＋
处所名词		＋	＋
专有名词		－	－
时间名词		－	－
方位名词		－	－

四、"好"和"坏"与名词组合的对称规律

（一）"好""坏"在具体语料中的使用频率存在差别

虽然"好""坏"均能与大多数名词搭配，且二者在形式语义上是对称的，但在具体语料中二者的使用频率存在着差别，抽取其中几个常用名词，通过对 CCL 语料库统计可获得以下数据：

"好 N"	出现次数	"坏 N"	出现次数
好爸爸	65	坏爸爸	6
好女儿	90	坏女儿	6
好校长	18	坏校长	0
好老师	79	坏老师	0
好医生	112	坏医生	1
好事情	181	坏事情	38
好办法	874	坏办法	0
好苹果	5	坏苹果	2
好消息	1182	坏消息	338
好办法	874	坏办法	0
好想法	12	坏想法	0
好结果	173	坏结果	24
好地方	612	坏地方	9

在具体语境中,"坏N"常与"好N"同时出现,二者的对举使用拓展了"好""坏"与名词的适配范围,本不太成立的"坏N"格式在共现的语境中得以合理化,例如:

（1）从这件事看,我算个什么好女儿呢?我是个坏女儿。（梁晓声《冉之父》）

（2）我们点了一首《一剪梅》,外甥要了首《好爸爸坏爸爸》,二姐则点了一首《祝你生日快乐》。（《人民日报》）

"好""坏"修饰指人的名词时,侧重于评价人物的优缺点,"好""坏"修饰指物的名词时,侧重于评价事物的功用性。"好"的适配度明显高于"坏","好"的适配范围更广,使用频率较高,适用范围较广。这是因为"坏"的语义极端,人们一般采用"不好"等其他委婉手段加以替换。为了表达的语义委婉,"坏"常被"不好"替代,例如:

（3）在我国社会主义新的历史时期,凡是坚持"四项基本原则"、坚持文艺为社会主义服务、为人民服务的方向,有利于全国人民团结一致、同心同德为实现社会主义"四化"而奋斗,有利于民族的团结和祖国的统一的作品,其思想倾向性都是进步的、好的或比较好的,应加以肯定、赞扬;反之则是落后的,不好的或坏的作品,应给予批评以至必要的斗争。（曹廷华《文学概论》）

例（3）中的"进步的、好的、比较好的""落后的、不好的、坏的"正好反映了"好""坏"的语义色彩的程度。又如:

（4）我认为,每一种娱乐,只要它是文明的和文雅的,就是好的娱乐。（《中国青年报》）

（5）上级关于部队精简整编的指示精神传达后,转业回武汉工作的几位战友主动给宗永甫来信,表示乐意给他联系个好工作。（《人民日报》）

上例中的"好娱乐""好工作"对应的"坏娱乐""坏工作"的概念存在,但形式上很少使用"坏N"结构,而具体语料中是用"不好"来替换。礼貌原则和委婉原则对于"坏"的规避是很明显的,沈家煊（1999）参照 Brown & Levinson（1978）把"礼貌原则"简要地表述为"用言语进行评价,尤其是评价人的社会行为时,对坏的要说得委婉,对好的要说得充分"。人们对于"坏"与一些名词结合的接受度是较低的，日常语言生活中使用的是较少的。

（二）语义、句法环境、语用共同制约着"好 N"和"坏 N"的对称性情况

通过观察，本书认为与"好""坏"组配的名词的语义特征主要有三点：[＋两面性][＋主观性][＋功用性]，满足其中一点都可以与"好""坏"搭配。

第一，既能与"好"组合又能与"坏"组合的名词一定是兼具两面性的，而当与"好""坏"组合的名词自身带有明显的语义倾向性时，这时"好 N"与"坏 N"就是不对称的，如"机会"等词只与"好"组配，因为"机会"的意思是"恰好的时候；时机"，带有褒义的语义色彩。因此能与"好""坏"组配的这类名词都包含人们主观认定的两面性，即既有好的一方也会有坏的一方，可以二分。

第二，与"好""坏"均能组合的名词多具有主观性。具有强烈的主观性的消息类名词、策略性名词、情感态度类名词一般都与"好""坏"结合力度大，这类词语带有人们的主观意识，与表示主观评价的"好""坏"语义匹配度高，吻合度高，这类"好 N""坏 N"形式语义是对称的；客观性的事物名词如称谓名词、动物类名词、经验结果类名词等与"好""坏"的结合取决于人们的主观判断，表达主观的情感态度，二者是对称的；植物名词或身体器官名词除了与人们的主观认定有关，也与自身的功能性偏差有关，造成这类"好 N""坏 N"形式对称，语义不完全对称；客观的度量类名词、疾病类名词、自然景观类名词不以人们意志为转移，故不与"好""坏"结合。"好"和"坏"与人的主观倾向密切相关，有时二者语义可以互转，在不同语境下针对同一对象不同人可能会有不同评价，比如"消息"对有的人来说可能是"好消息"而对于有的人说是"坏消息"，"好"和"坏"的判定标准因人而异。

第三，有的能与"好""坏"搭配的事物名词本身具有功用性，当其自身的功能给人们带来了有用的价值，称之为"好 N"，而事物对象不存在使用价值时，称之为"坏 N"，例如"好桌子""坏桌子"等，"好""坏"用于评判对象的功能受损与否。

第二节 "好"和"坏"充当补语时的对称性

"好""坏"是世界语言里最基本的一对反义形容词，二者除了与名词组合充当定语的句法功能外，还多出现在动词后面充当补语。在补语位置上的"好""坏"同样体现了一定的不对称分布，呈现出不同的语义倾向，这种现象的出现与"好""坏"本身的语义特征及与其搭配的动词均有密不可分的关系，需要对补位"好""坏"的对称性情况及其不对称的动因机制进行分析探究。

对于"好""坏"充当补语的对称性研究较少，段濛濛（2006）曾提及"好—坏"与动词组合的情况，认为与"好""坏"组合的绝大多数都为自主动词，且"好""坏"作补语的语义指向均为动词，这一观点有待商榷。事实上，"好""坏"充当动词补语时形式和语义的匹配情况十分丰富。本节拟对"好""坏"充当动词补语时形式和语义的对称性进行分析，厘清与"好""坏"组配的动词类型，并探讨不对称现象出现的原因。

一、"V 好""V 坏"的对称性分布

"好""坏"是一对表评价的相对词，"好""坏"在动词后面出现充当补语时，"V好"与"V坏"的形式与语义之间表现出不完全对称的现象，通过观察语料，"好""坏"及其组合成分主要有以下三种分布情况。

（一）句法分布形式对称，语义也对称

"好"和"坏"分别与动词组配成动补结构，这一类"V好"和"V坏"语表形式上对称，语义均指向同一对象，分为指向动作本身、动作施事、动作受事三种情形，总体上呈——对称的格局。

1．形式对称，语义指向均为动作本身

"V好"和"V坏"二者形式对称，动词均可与"好""坏"进行组配，用法一致，出现的句法环境相近。"好""坏"充当结果补语，对动作产生的结果进行性质上的评判，语义指向为动作本身，评价动作本身的好坏，即是否达到了让人满意的效果。例如：

（1）但是党已经肯定地把任务交给我了，并要求我只准演好，不准演坏。（陈笃忱《是谁造成了这样的悲剧》）

（2）走好了，走入独立自由的途程；走坏了，压根儿将民族二字取消——这真够得上"划时代"了！（崔敬伯《中国财政之划时代的展开》）

（3）这就是常说的吃"大锅饭"，干好干坏，干多干少，甚至干或不干，收益都是一样的。（《1994年报刊精选》）

（4）老实说，如今是教练无权，运动员是铁饭碗，踢好踢坏一个样……（《人民日报》）

前两例中"V好""V坏"两者同时出现，都是对举使用，形成对比格式，描述事件的两种状态和结果；后两例中"V好""V坏"两者并列使用，形成"V好V坏"四字格式，共同表达一种反复的周遍义。

这里的"坏"均可用"不好"来替代，"好""坏"出现的语用环境一致，语义也是相对称的，表示结果义。"好""坏"充当补语形式和语义相对称的情况多出现在两者对举的语境中，张国宪（2006：46）指出："性质形容词作补语有着与作谓语同样的语篇限制，需有比较或对照的意味"。"V好"的独立性强，使用范围广，"V坏"有时不能单用，只能在与"V好"共现的语境中出现，依赖性较强。"V坏"对应的"V好"一般都存在，这是因为"好"比"坏"更为基本。

2．形式对称，语义指向均为动作施事

这类"V好""V坏"语法形式相对称，在语义上"好""坏"均指向动作的施事，侧重于指动作致使施事产生的结果，强调动作对施事产生的影响。例如：

（5）"近朱者赤，近墨者黑"这句话比喻接近好人容易使人变好，接近坏人容易使人变坏，同时也说明选择友伴的重要。（《中国儿童百科全书》）

（6）他说："我们不代表所有美国人民，我们也不代表美国总统，我们只是以议员的身份访问这里，但我们却亲眼目睹两国关系正逐渐变好。"（新华社2004年新闻稿）

（7）不使日中关系变坏是外相、外务省的职责。（新华社2004年新闻稿）

以上例子中的"好""坏"出现的句法环境是一致的，语义上也均是指动作的主事"人""关系"的变化趋势，动作的结果是使人"好"或"坏"，关系"和睦"或"不和"，呈现了对称分布。

（8）在缓期执行期间，经过一定时期的考验，如果确有真诚悔改的具体表现，可以改判无期徒刑，以至长期有期徒刑；如果没有悔改表现，甚或表现很坏，那就仍应执行死刑。（张若愚《法学基本知识讲话》）

（9）这位主教练认为，他的队员表现很好，场上发挥也不错，只是没有抓住最后进球的机会，而且输球后球员有些急躁。（《人民日报》）

此时，动作施事大多都在句中出现或是可以在一定的上下文语境中找回（recover）补出。

3．形式对称，语义指向均为动作受事

"V好"和"V坏"语法形式上对称，"好""坏"的语义指向均为动作的受事对象，侧重于动作对受事产生的影响，评价受事的性质好坏。例如：

（10）我们相信，我们自己是能够克服缺点，改正错误，把事情搞好的。（《邓小平文选》）

（11）一般而言，业余外交家经常是只会把事情搞坏的，但达勒鲁斯此人却成功地打破了僵局。（翻译作品《从乞丐到元首》）

上例中的"好""坏"均是指动作受事对象"事情"的性质，即动作的结果使得"事情是好是坏，成功与否"。又如：

（12）盛振明发现儿子也是乙肝病毒携带者，3个多月找了几个老中医，终于将儿子的病治好了。（《1994年报刊精选》）

（13）"搞医的就是没病找病，好人也都让你治坏了。说，你这辈子杀了多少人？"

（王朔《无人喝彩》）

（14）先念非常关心尚奎的病，每次见到我都要嘱咐我好好照顾尚奎，一定要把身体搞好。（水静《李先念的大将风度与侠骨柔情》）

（15）李铁又叮咛道："不许把身体搞坏，立刻去睡一觉，听到没有？"（雪克《战斗的青春》）

（16）他结结巴巴地说："我……我没把你的车子弄坏……我的腿长，不等车子歪倒我的腿就支在了地上……"（莫言《红树林》）

（17）谁知道汽车刚刚驶出市委不远，就抛了锚。小黄折腾了一身汗，也没把车弄好。（谈歌《城市票友》）

例（12）（13）中的"好""坏"的语义指向是动作"治"的受事，"好"是指"儿子的病"好了，"好"的意思是"健康、病愈"，"坏"是指"好人"病了、出问题了。例（14）（15）中的"好""坏"的语义是指向动作的受事对象"身体"，指动作可能产生的结果趋势，即身体是否健康。例（16）（17）"弄坏"中的"坏"是指车坏了，出现了故障，"好"是指使车没有问题了。这类动补结构中的动词均为及物动词，可以接一定的受事成分。受事成分一般都在句子中出现，多位于处置式标志"把"之后或是用于被动句中。

（18）随着住房制度的改革，住房为家庭所有已为期不远，然而住户最担忧的是，原来直管公房有房管所，自管公房有单位行政科，房屋维修保养，至多只是一个早修晚修、修好修坏的问题，而这回叫谁修？（《1994年报刊精选》）

这些谓语动词都是中性的，动作可能会呈现两种语义结果，如上例中动作"修"的结果是可能使房屋或好或坏，故动词可以分别与"好""坏"搭配。

（二）句法分布形式对称，语义不完全对称

这类"V好""V坏"形式上是对称的，两者的用法都存在，但二者的语义并不完全对称。当"好""坏"二者的语义指向均为动作本身、动作施事、动作受事，指动作是否达到令人满意的结果，主要是评价性质时，二者是对称的。而不对称的情形出现在：1）"好"有时用在动词后，表示动作的完成或完善，"坏"没有相对应的意义，多用"没V好"来表达相对的语义，"没"用于离散词语的否定。2）"V

坏"中的"坏"可以表示动作的受事对象受到了破坏而变得不健全或无用等,有时"坏"也表示程度,此时也不存在语义对称的"好"。3)同一动词后"好""坏"的语义指向侧重点不同,有时指向动作本身,有时指向动作受事。

1．"好"有时可以表示动作的完结

（19）这个工作做好了,市场就稳定了,物价就下来了。（《人民日报》）

（20）当一个共产党员,就要自觉服从党的路线和政策,全心全意为人民服务,做好工作,并经常准备吃亏和遇到麻烦,工作做坏了,还要受批评,而且终生都应该如此。（《邓小平文选》）

（21）到了她家,她已做好了一桌菜在等着我。（《中国北漂艺人生存实录》）

（22）二班长:"前些天,你哥哥不是做坏了一锅豆腐吗?"（所云平、白文《哥俩好》）

上述例子（19）（20）均是指动作是否达到了让人满意的效果,"V好"和"V坏"是对称的,例（21）中"好"表示动作的完结,语义指向为动作本身,"了"也是表动作完成的时体标志,这类语境中"V好"有时可以用"V完"来替换。相同动词组配成的"V坏"并不表示相对应的语义,例（22）中"坏"不表示动作未完结,而指向的是受事对象的性质,指动作"做"的结果是使得"豆腐"无用了。

（23）史大桢强调指出,这一战略作为一项国策只能通过我们的努力,把它办好,不能办坏。（《1994年报刊精选》）

这一例中的"好""坏"都是对动作产生的结果进行评价,即是否达到了让人满意的效果,从这个角度看"V好""V坏"二者是对称的,而在有的语境里"办好"中的"好"表示的是动作的完结。又如:

（24）为了办好这次体育盛会,中国政府投入了大量人力、物力和财力,并在运动会期间组织了3万多名志愿者为各国残疾人朋友服务。（《中国政府白皮书·中国人权事业的进展》）

（25）他深有感触地说:"小岗人从实事做起,苦干实干,干一样成功一样。目前已办好了4件事,即路、树、房、沼。"（《人民日报》）

（26）有一位专家曾叹息地说："我国的公关刚刚起步时就办坏了两件事。"（《人民日报》）

当动作的受事在句子中出现时，"好"的语义指向一般有向受事倾向的趋势。"V好"与时态助词"了"共现时，"好"除了表示动作结果令人满意外，还表动作的完成或达到完善的地步，此时"V好"兼有两种语义，可用"V成"替换。例（24）"V好"侧重于期待动作产生的结果使人满意，例（25）中"办好"表示动作的完善。而例（26）中的"办坏"只能指动作"办（事）"实质上产生的结果令人不满意。

2．"好""坏"语义指向不对称

有时"V好""V坏"中"好""坏"的语义指向不一致，分别指向不同的对象。例如：

（27）总觉得那个小偷很可疑，当时他怎么就知道那天薛非家里没人？如果他是事先踩好的点儿呢？（《冬至》）

（28）摄制组走后还要收拾踩坏的草坪，租借出去的车子有时也会发生意外，影响明天上班。（《作家文摘》）

（29）当时时间十分仓促，第二天一早必须把出国计划书、推荐信写好并译成英文寄出，他焦虑万分。（《人民日报》）

（30）很快，她就粉碎了一些铅笔，划碎了一些纸张，把办公桌面完全写坏。（王小波《白银时代》）

（31）"不知道自己能否参加奥运会，但我会一直努力把剩下的奥运会积分赛打好。"林丹说。（新华社2004年新闻稿）

（32）像德国、英国就做过这个试验，我们可以看看，有一些故意让叶片断，完了看看会不会把发动机打坏。（刘大响《飞翔的动力》）

（33）到了21世纪，人们不仅要求吃好、用好、穿好，而且要求玩好。（《中国儿童百科全书》）

（34）李妈忙问："小姐怎么吃坏了？"（钱钟书《围城》）

例（27）（28）"踩好"和"踩坏"语义不对称，"好"语义指向为动词本身"踩"，表示动作的完成，"坏"的语义指向为动作受事"草坪"，动作的结果是使得"草坪"

坏了。例（29）中"写好"的"好"表示动作的完善。例（30）中的"坏"指向与事，指向的是动作"写"发生的地点，是"办公桌面"坏了。例（31）中的"好"是指向"打（比赛）"这一动作的性质。例（32）中的"坏"是指动作对受事产生的影响，表示对象"受到破坏"，即动作"打"可能致使"发动机坏"。例（33）中"好"指动作结果使人满足，语义指向动作本身。例（34）中的"坏"指身体吃出问题来了，语义指向动作施事。

形式		语义
V 好₁	V 坏₁	是否达到了让人满意的结果
V 好₂	—	动作完结或完善
—	V 坏₂	无用的、有害的、有损的

前一类"V 好"可称为"V 好₁"（动作结果使人满意），与之对称的为"V 坏₁"（使人不满意），后一类"V 好"表动作完结为"V 好₂"。有的"V 好"既可指"V 好₁"又可指"V 好₂"，与"V 坏1"形成不对称；有的"V 坏"包括"V 坏₁""V 坏₂"，与"V 好₁"不对称；只表示"V 好₂"或"V 坏₂"没有对称的表达，形成了一环的缺失。总而言之，"V 好"与"V 坏"形式与语义上呈现出纠结的对称性。

（三）句法分布形式和语义均不对称

"V 好""V 坏"其中一方的用法不存在而形成缺位，从而造成形式和语义均不对称情形的出现。主要是因为与其搭配的动词带有一定的语义倾向，或是出现的句法环境排斥相对称的用法。有时不一定存在与"V 好"对称的用法"V 坏"，而是直接采用"V 不好"或"没（有）V 好"来表达，从儿童语言学的研究成果来看，儿童对"不好"的掌握也是先于"坏"的。

1．有"V 好"无"V 坏"

"V 好"所在的句子的表达带有人们的心理期望值，带着说话人的"主观视点"，即说话人对事件的评价。这类谓语动词带有褒义的感情色彩，与"好"形成一种常规组配。不对称是因为"V 好"中动词带有肯定正向的语义倾向或是"好"主要表示动作的完善。例如：

（35）各级公安机关要紧密依靠有关单位和群众维护好舞会的治安秩序。（《中

国青年报》）

（36）在起跑的地方，即使有小拇指尖大的一点小坑也要马上修整好。（闻志《横杆前的思索》）

（37）在这最后一周时间里，我会尽量把握住自己，调整好自己的状态和心态。（新华社2004年新闻稿）

（38）大娘把林丽安置好了，又回到屋里，叫齐英、丁尚武也下地洞去歇着。（刘流《烈火金刚》）

（39）盖如垠说，"大庆过去辉煌过，把握好机遇，将来会更辉煌。"（新华社2004年新闻稿）

"维护"的语义是"使免于遭受破坏；维持保护"；"修整"的语义是"修理使完整或整齐"；"调整"是指"改变原有的情况，使适应客观环境和要求"；"安置"指"使人或事物有着落"，还有"安放""安排""部署""调整""把握""发挥""保护""引导"等，这类动词倾向于与正面的事物组配，人们对动作期待造成的是积极结果，强调动作达到完善的地步，故"好"与之搭配频率高。

由于语义色彩的差异性，与"V好"的语义对称呈现出一对多的格局，即有时"V好"是与"V差""V不好""没（有）V好"等形成对称，而没有"V坏"的用法。"坏"的语义色彩较为极端，有时为了表达的婉转，于是不使用语义程度较高的"坏"，而改用"好"的否定式"不好"等其他说法。例如：

（40）为了使孩子睡好，最简单也是最重要的一条是培养儿童按时就寝和按时起床的习惯，学生作业负担过重，晚上"开夜车"或看电视的时间过长都是不利于睡眠的。（方富熹、方格《儿童的心理世界——论儿童的心理发展与教育》）

（41）在国家机关工作的李铮峰说，他9岁的儿子李云聪听说要去种自己爱吃的豆角，兴奋得一夜没睡好。（新华社2004年新闻稿）

（42）一位食品厂总经理告诉记者："每年中秋来临，我都吃不香，睡不好。"（《人民日报》）

2．有"V坏"无"V好"

这种情况下动词的语义是偏向负面，带有否定消极意义的，其后倾向搭配"坏"，

"坏"都是指受事对象变得"不健全的，无用的，有害的"，事物的状态是由"完整→破损"，造成的结果是消极的，例如：

（43）山里常有被雨水冲成的暗洞，牛踩上就会掉下去摔坏。（史铁生《我的遥远的清平湾》）

（44）我们听到中国北方有一条黄河，它常常泛滥淹坏两岸的土地，就把这包朝鲜山上的树籽送给你们，栽种在黄河的两岸，也表示我们对中国人民正进行的伟大的社会主义建设的一点心意。（吕继芳《是朋友,是亲人!》）

（45）一支马队横冲直闯踏坏了那片野罂粟。（路远《白罂粟》）

（46）秋同我虽是自由结合，可是自从生下保儿后，两人就常闹意见，譬如说：保儿撕坏他的一张图画，那值得什么呢？（苏青《小天使》）

（47）"落地雷"有时能击坏房屋,因此在高大建筑物上都要安装避雷针,以免造成灾害。（《中国儿童百科全书》）

（48）炮烟粉尘把他肺管子呛坏了，落下个勾在炕上干口喘的毛病。（于德才《野血》）

（49）它们能在夜阑人静时，偷偷地跑来啃坏了那些正在滋长着的瓜皮。（《读者》）

（50）老武喝了一口水说道："我们一气追了有三里路才追上，桦林霸大概跑得把腿跌坏了，康家败扶着他走。（马峰《吕梁英雄传》）

（51）所以老鼠虽然不吃木头，小老鼠却经常咬坏衣柜、木箱，就是因为要不停地磨牙齿。（《中国儿童百科全书》）

（52）希特勒的头发着了火，右臂暂时瘫痪，耳朵的鼓膜被震坏，听不清声音；一条裤腿被炸掉，一个沉重的木块擦伤了背部和臀部。（沈永兴、朱贵生《二战全景纪实》）

（53）毁坏这个兴旺地区的罪魁祸首是泥石流，人们把它称为"黑色的巨龙"。（《中国儿童百科全书》）

（54）京 G07866 号牌的大货车，由西向东行驶至南四环路石榴庄桥时，追尾一辆宝来小轿车后，冲向中心护栏，撞坏十几米护栏驶入逆行车道，又造成 7 辆机动车连环刮撞。（《人民日报》）

（55）当游行队伍来到总理府门前时，一些激进分子用石头砸坏，总理府部分窗户，并试图冲进总理府。（新华社2004年新闻稿）

以上这些"V坏"中的"V"本身语义倾向于产生不好的结果，故与"坏"形成一种倾向性匹配，其中有些动补结构有固化成词的趋势，有的已完成词化进程，如"败坏、毁坏、破坏、损坏"等已被词典收录。"破坏、毁坏、损坏"等这类词语的成分之间结合紧密，成分之间属于常规高频搭配，动作的结果具有唯一性，词语间的语义色彩相互制约彼此，因此较早地完成了词汇化的进程。而其他动结式如"搞好、搞坏""弄好、弄坏"等，动词的结果并不唯一，因此搭配上具有两种可能性，于是动补成分间的结合不够紧密，因此未完成词汇化。"从认知上说，行为与规约性结果补语成分之间有一种稳定的、紧密的联系，表述的是一个按逻辑发展的理想化的事件，符合人的正常心理期待。"（张国宪2006）

V好/坏	形式	语义
	对称	对称
	对称	不对称
	不对称	不对称

补语位置的"好""坏"有三对基本语义，即"完整—破损""满意—不满意""原质—变质"，上述分布表显示，"V好"和"V坏"形式上对称，语义上可能出现对称或不对称两种可能，但如果二者形式上不对称，那么语义也是不对称的。

二、补位"好"和"坏"前的动词类型

"好"的适配范围广，能与"好"搭配的动词数量大于能与"坏"组配的动词数量。"好""坏"作动词补语多为结果补语。《现代汉语语法信息词典详解》（第二版）在动词库后的动结式分库里有一列"好"的专有项目，用来说明动词能否带结果补语"好"。通过人工逐条排查，动词动结式分库总共有词条2146个，其后能搭配"好"的有448条，既能搭配"好"又能搭配"坏"的有46条，只能搭配"坏"的有14条（淹坏、碰坏、碰撞坏了、摩坏了、摩擦坏了、哭坏、护坏了、轰炸坏了、饿坏、跌坏、刺坏了、传坏了、宠坏了、冲坏）。根据袁福静（2008）对形容词作结果补语的粘着动补结构的考察，只能带"好"的双音节动词有："安排、办理、保存、保护、表示、表演、

布置、打扮、担任、登记、锻炼、分析、抚养、改造、管理、核对、合作、护理、恢复、积累、检查、检讨、检验、建设、交换、教育、解决、介绍、纠正、开展、考虑、联络、联系、领导、描写、拟订、排练、配合、聘请、清理、设计、伺候、调剂、挑选、调解、调整、协商、休息、休养、修改、选择、掩护、邀请、移动、隐藏、应付、酝酿、招待、召集、整顿、执行、指导、指定、指挥、制定、主持、嘱咐、注解、总结、组织",其后的"好"均是指动作圆满完成,这些动词都不能和"坏"搭配。无标记项"好"在与动词的组配上使用频率同样比有标记项"坏"要高。

通过对语料的统计,与"好""坏"搭配形成动补结构的动词主要都是自主动词,因为"好""坏"本身就包含着主观评价的含义,因此搭配的也是"能表示有意识的或有心的动作行为"(马庆株2005)的自主动词。心理动词后一般都不能接"好""坏"作补语,如"爱、恨、喜欢、讨厌、羡慕、佩服;猜、料、感到、觉得、认为、知道"等,根据邢福义(1996)对动词的分类,历程动词(如"开始、进行、继续、停止、结束")、断事动词(如"是、有、没有、像、似、如")、使令动词(如"使、令、叫、请、教、让、迫使、逼使、命令、请求")、辅助动词(能愿动词/趋向动词)也均不能与"好""坏"构成动补式。

"好""坏"的使用本身就带有主观性,动词的感情色彩为中性,动作有两种语义结果的,一般与"好""坏"均能组配,如"变""搞""做""干"等动词;动词感情色彩偏褒义的,一般只能与"好"组配;动词感情色彩偏贬义的,一般只能与"坏"组配,如"踢坏了门","踢"在这里是带有破坏性语义特征的词语,因此只能与"坏"组配。"好"表动作的完结或完善时,适合具有离散性质的动词,即动作有终结点。张国宪(2006)指出"语料检索显示,单音节形容词好像只有'好、坏、透'等极少数几个词例外,对韵律的选择自由,也可以与双音节动词/形容词搭配"。

三、小   结

"好""坏"充当结果补语时形式与语义的匹配情况多样,主要有句法分布形式对称,语义也对称,语义指向为同一对象(动作施事、受事、动作本身),句法分布形式对称,语义不完全对称,句法分布形式和语义均不对称三种分布情形。与"好""坏"搭配的主要是自主动词。"好"比"坏"的语义适配范围更广,动词的感情色彩也决定了与"好""坏"的匹配度，另外人们的趋利心理以及交际中的礼貌原则也制约着"V好""V坏"二者的对称性。

值得指出的是，"好""坏"除了可以充当动词补语，还可以充当形容词补语，表示程度深，例如：

（1）凤霞和二喜一来，家珍高兴坏了；凤霞在床沿上一坐，家珍拉住她的手摸个没完，一遍遍说凤霞长胖了，其实十来天工夫能长多少肉？（余华《活着》）

（2）郭全海笑得捧着小肚子，连声说道："这可把人乐坏了。"（周立波《暴风骤雨》）

张国宪（2006）指出：性质形容词作补语的频度极低，是标记性最强的一种句法功能。性质形容词作补语有着与作谓语同样的语篇限制，需有比较或对照的意味；性质形容词作补语的语法意义是表述"可能"，即所谓的可能补语，在典型的性质形容词中，"好"是作情状补语频率最高的词，而它只有在有标记句类（感叹句和问答句）中显现这一功能，在无标记句类（陈述句）中均作可能补语。可能补语有极强的规约性，由此，许多"负向期待"的性质形容词失去了作可能补语的资格。

第三节 "好"和"坏"充当主语时的对称性

单音性质形容词"好""坏"也可充当小句的主语或主语中心。邢福义（2002）认为"这样的形容词对性质状态起指称作用，……已经带上了体词化倾向"。张国宪（2006）指出："性质形容词作主语时，谓语通常局限于'是'、'使'、'有'等几个非典型动词。""好""坏"充当主语时，谓语动词主要是"是"，例如：

（1）"好是无止境的"，这是丹麦乐高积木玩具公司刻在木牌上的座右铭，也可以说是这家欧洲最大、世界第三大玩具公司成功经营的秘诀。（《人民日报》）

（2）名牌产品既要有质量，又要有相应的数量。好是好，买不到，也很难成为名牌。（《人民日报》）

（3）一位外地建筑公司的经理看了后，说了这样一句话："好是好，但投入太多，

恐怕很难学。"（《人民日报》）

（4）血刀老祖，我想读过《连城诀》的读者谁都不会忘记，这个老头子很坏，坏是坏，但是坏得赤裸裸，坏得毫不掩饰。（《孔庆东看金庸小说中的侠义》）

（5）"不一样！中学的好是虚空的，现在更加真实。"语气是挑战的。（《作家文摘》）

例（1）中的"好"单独充当主语，例（2）（3）（4）中的"好""坏"以主宾同形的形式出现，例（5）中的"好"是充当主语中心语，之前有定语修饰。

主语位置的"好""坏"都具有指称化的趋势，二者形式与语义是对称的，但"好""坏"充当主语的句法功能是受限的，除了"坏是坏"这类主宾同形式表达，"坏"单独充当主语的情况较少，很多时候都需要与"好"对举出现。

第四节 "好"和"坏"充当谓语时的对称性

张国宪（2006）认为："按照标记理论，从句法的角度透析性质形容词作定语时无标记的，作谓语是有标记的。"朱德熙（1982）指出，"性质形容词单独作谓语含有比较或对照的意思，因此往往是两件事比对着说的。对比和比照的实质就是'两件事'互为参照，是性质形容词语义相对性的语用表现"，"只有在语言环境能显示出比较或对照的意义时，这一类格式才能单独出现"。根据笔者调查[1]，在阿拉伯语里"坏"并不充当谓语，在谓语位置要表达"坏"的含义时会采用其他形式，谓语位置的"好""坏"是不对称的。

"好""坏"充当谓语时，可以与程度副词"很、真"等组配成"很好""很坏"，"真好、真坏"，附加"很"等显性标志是汉语性质形容词作谓语所需的程度性的表现方式之一（张国宪2006），可以添加助词"了"构成"好了""坏了"，可以添加补语成分构成"好些""坏些"等表达方式。

"好""坏"充当谓语时，其前的主语主要有身体器官名词、指人名词、物质名词等，

---

[1] 调查来自留学生中级班也门学生，母语为阿拉伯语。

当谓语成分"好""坏"的主语为身体器官名词时，"好""坏"重在评价身体的健康与否，"好"表示健康、痊愈，"坏"表示不健康，出现了毛病，二者是对称的。例如：

（1）记者们问起邓小平的身体健康状况，萧榕说："他身体很好，谢谢。"（《人民日报》）

（2）有个邻居也证实，"他身体很坏，因为肺有问题，不得不辍学。肺不好，后来还咳血。"（翻译作品《从乞丐到元首》）

（3）她把孙茂芳上下左右仔细端详一番，半天才说出一句话："我的眼睛好了，你可显得老多了……"（《人民日报》）

（4）我的眼睛坏了，心并没有残废，还有许多事情好做呢。（贺中光《双目失明以后》）

"好""坏"后添加助词"了"表示一种变化，例（3）中的"好了"是指身体器官的功能恢复，例（4）中的"坏了"是指身体器官功能的丧失，二者的语义变化轨迹如下图：

"坏了"的语义方向是：正常→有故障

"好了"的语义变化是：正常→有故障→正常

"好了"必定经历了一个由状态正常到出现故障再回到状态正常的过程。"好"和"坏"用来表示人们的身体健康状况时，它们之间是可逆的，但是在表示食物质量的优劣时，它们之间是不可逆的，食物一般只能从好到坏，而不能从坏到好。例如：

（5）她觉得胃好些了，但腿在颤抖，有所得就有所失地她从卫生间的镜子里看到了自己。（翻译文学《厄兆》）

（6）从那时起，他的胃就坏了，像一只干枯了的茄子，萎缩了。（郭宝臣《一位封面画家的故事》）

（7）小芹的丈夫看着小芹，那意思是说这菜坏了，你怎么还吃哩，小芹看得懂丈夫的意思，但她没睬丈夫，一下一下夹着菜往嘴里放。（刘国芳《刘国芳小小说三篇》）

当句子主语为人物名词时，"好""坏"用来评价人物的品质，例如：

（8）妈妈真好，总知道什么是最重要的。（《1994年报刊精选》）

（9）日本人怎么坏，联军在什么地方，将来如何如何等，他常常从金承龙那儿听来，给了他深深的印象。（张志明《一条宽阔的道路》）

（10）我小声对她说，看来你爸和你大伯真坏，要不怎么那么多人恨他们？（戴厚英《流泪的淮河》）

当句子主语为物质名词时，"坏"指对象出现了故障或是被破坏了，同等谓语位置的"好"使用得少，事物本身的状态在人们心中的认知是"正常的、完好的"，而当对象"出现了故障，被破坏了"又回到正常的状态时，人们才说"好了"，"好了"常需与"坏"共现，或者是有语义背景交代，没有"坏了"使用自由。例如：

（11）坏了多年的手表不知为什么又忽然好了，而且走得很准。（《读者》）

（12）车队刚出发，就发现我们这辆惟一有空调的"名模专车"的空调坏了。（《中国北漂艺人生存实录》）

（13）马路上的路灯是并联的，如果有一盏坏了（例如灯丝断了），其他的灯还能照常亮。（《中国儿童百科全书》）

（14）平民的命运坏到极点，国家的财政窘到极点。（林汉达《西洋教育史》）

（15）研究室毒气橱坏了，我们那么多人弄了半天，也弄不好，林老师去了，一下就修好了。（郭健、孙伟《同样是敌人》）

（16）来人说，他们运输公司任务很急，可是有很多这样的汽车，轴坏了，市面上的修配厂都修不好，问他们能修不。（高驰《山海关前不老松》）

"好""坏"充当谓语时常带有程度补语，比如"好极了""坏透了"，两者是不对称的，"好极了"主语一般是"味道、感觉"等词语，"坏透了"的主语主要为"情绪、心情"等心理名词或是指人名词，例如：

（17）到明年此时，我希望合资各方的关系，就像这杯咖啡，黄总停了停，举杯深深地喝了一口，然后风趣地说："味道好极了。"（《1994年报刊精选》）

（18）当时，她的感觉好极了，清脆的枪声过后，她弹了出去。（《1994年报刊精选》）

（19）如天津有些家属气愤愤的嚷："这些人坏透了，过去仗着日本鬼子欺侮咱，还帮助他？"（《人民日报》）

（20）她眯起眼睛，避着夏天耀眼的阳光，推着自行车慢慢走着，心情坏透了。（张承志《北方的河》）

（21）"有一次我的情绪简直坏透了。我想一个人到外面走一走才好。开始我想让爱人陪陪我，后来还是自己来到了公园里。"（张炜《美妙雨夜》）

有的时候"好""坏"后面还可以带上宾语，属于"好""坏"各自的特殊用法，是不对称的，例如：

（22）一见向他飞奔猛扑过来的是个解放军，这才知道坏了事，慌了手脚，但是他还想沉住气，高声喊："哪里溜子？老大贵姓？"（曲波《林海雪原》）

（23）周小川告诫：不能因为银行不良资产稍有减少，就"好了伤疤忘了疼"，不能放松对贷款审批权限的限制。（新华社 2004 年新闻稿）

"好"和"坏"具有动态化的用法，可以进入动态化模式中，比方"X起来"的模式，"起来"表示情况的开始或程度的递增。因此"好""坏"作谓语成分时还可以后接趋向动词"起来""下去"构成形趋结构，表示事物演变的趋势，"好"和"坏"都不能和"下来"搭配，"形＋起来"表示一种状态在开始发展，程度在继续加深，"形＋下去"表示状态已经存在并将继续，"起来"表正向意义，"下来""下去"表负向意义，正量形容词与前者有一种自然关联，负量形容词与后者有一种自然关联，即无标记项倾向于跟无标记项相组配，有标记项倾向于跟有标记项相组配（张国宪2006）。邢福义（1996）指出"一对反义形容词，不管是积极义的还是消极义的，只要语义上符合'有极差，可加强'的要求，二者都能说成'A起来'"。"好起来"能说，"坏起来"也能说，其中"好"和"坏"表示有级差的、可以逐渐加强的性状，二者是对称的。例如：

（24）有一位大学生朋友这样说："每当我情绪低落时，我便翻阅自己的影集，不知不觉便陷入对以前事情的美好回忆中，结果情绪会很快好起来。"（王登峰、张伯源《大学生心理卫生与咨询》）

（25）实践告诉我们：以改革促发展，在改革发展中保持稳定，整个经济形势就会一天比一天地好起来！（《1994年报刊精选》）

（26）那是我插队时一个冬天的下午，我们蜷缩在集体户里，心境在严寒中坏

起来。（《人民日报》）

（27）"小爷叔，局势要坏起来是蛮快的，现在不趁早想办法，等临时发觉不妙，就来不及补救了。"（高阳《红顶商人胡雪岩》）

"好"和"坏"充当谓语时，其后还可以与"下去"搭配，表达一种趋势，例如：

（28）区宗杰说："澳门经济在2010年后会有新的挑战，会碰到新的困难，因为我不相信博彩业的前景会永远好下去。"（新华社2004年新闻稿）

（29）只要国家的经济形势一直这么好下去，绝对不怕挣不着钱！（《人民日报》）

（30）"如果那里的形势继续坏下去，而我又得不到什么支持，那么在7月的中国亚洲杯赛之后，我不得不考虑自己的前途。"斯坦格说。（新华社2004年新闻稿）

可以看出，与"好起来"或"坏起来"搭配的主体多为"情况、心情、身体、形势"等词语。"好起来"与"坏起来""好下去"与"坏下去"二者都是对称的。吕叔湘（1999）认为"起来"多用于积极意义的形容词，"下去"多用于消极意义的形容词，但"好""坏"不受此限制，二者均可互配。"不好起来"这一说法也能成立，例如：

（31）她觉着世界又要不好起来，有什么灾祸就要来到，可是她自己又没法抵抗，只好忍耐着，见一步，走一步。（欧阳山《三家巷》）

（32）再不好起来，就不像话了，两个光杆司令，栖身在这大山腹地的偏乡僻壤里，除了面朝黄土背朝天，就是你看着我我看着你。（《历史的天空》）

上述两例不同的是例（31）的"不"是否定"好"，例（32）中的"不"是否定"好起来"。

"好"和"坏"还有"X不起来"这一相关格式，构成"好不起来""坏不起来"的表达，二者是对称的，例如：

（33）何大姐说，好不起来哟，你家只有一个孩子，老吴又不抽烟喝酒，可我家不仅多一个孩子，老许他又成天烟酒不能断，日子实在难过呀。（刘醒龙《孔雀绿》）

（34）我在系里弄成那个样子，回去肯定心情好不起来。（百合《哭泣的色彩》）

（35）外因是我目前还没有钱，坏不起来。（莫怀戚《透支时代》）

（36）面对《时装男士》，他却坦言："一直很想变成坏男人，那种根本不管任何事的男人，可我坏不起来，反而每次要坏起来的时候，就发现自己陷进去了，不懂得去保护自己，可能是太诚实了吧，我是一个想到什么就讲什么的人，不会把话放在心里的那种人。"（百度搜索：林俊杰《时装男士》大片畅谈想变坏男人）

"好不起来"和"坏不起来"是"好起来"和"坏起来"的可能式否定形式，二者是对称的，意思是"不能好/坏起来"。

谓语位置的"好"和"坏"也常与介词"在"搭配，构成"好在……""坏在……"表达式，这一结构具有凸显焦点和主观评价的功能（刘愿愿2011），之前的主语有时也会省略。例如：

（37）对流派之间，要比较，不比较就看不出特点，究竟好在哪里，坏在哪里。（阿甲《戏曲表演规律再探》）

（38）素婷本人是很好的同志，可坏在她的反动家庭手里……玉冬的家庭是革命的，光荣的，她本人又是很好的同志……我有什么不同意的呢？（冯德英《染血的土地》）

"好在"在有的语境中已语法化为一个副词，《现代汉语词典》解释为："表示具有某种有利的条件或情况"，多用在主语前。例如：

（39）好在中国拥有几万个不同的方块汉字，经各种排列组合，可以演绎出难以计数的名字。（仲富兰《现代民俗流变》）

（40）前卫线上谢育新、麦超、高升、段举、唐尧东等无一缺阵，攻守平衡，不足在于传球失误较多，好在拼抢能力和奔跑能力较强，尚能弥补，相互配合的时间及与锋卫的配合还算熟练。（《中国青年报》）

例（39）（40）中的"好在"已发生了语法化，关于"好在"的语法化和主观化探讨会在本书历时考察的章节提及，值得注意的是，例（37）中的"好在"不是副词义，"好"充当全句的谓语，和"坏"形成对称。

有时"好""坏"形成"好就好在……""坏就坏在……"的特殊用法，表示强调，二者是对称的。例如：

（41）仔细想来，这首歌好就好在它的举重若轻，将一个大的主题用亲切感人

的形象来表现。（《人民日报》）

（42）晚上，我们偷着吃饭的时候，疯大爷就不断地提小郝庄，说小郝庄坏就坏在人心不齐。（戴厚英《流泪的淮河》）

第五节　"好"和"坏"充当状语时的对称性

在现代汉语共时层面上，"好"充当状语时有这么三类用法：一是用在动词前，作用类似于助动词，表示容易的意思；"坏"没有这一用法，也没有表示"不容易"的语义，例如：

（1）本来这是个很好回答的问题，因为故事中的"八贤王"名叫赵德芳，而《宋史》中就有一篇专门写赵德芳的《秦王德芳列传》。（《中国儿童百科全书》）

与例（1）中这个"好"对称的说法可以是"不好回答"或是"很难回答"。又如：

（2）他马上用右手拍着左手，打着板眼，把这一句唱给大家听，说，"这还算是好唱的，你们还没听过《文昭关》哩。"（周而复《上海的早晨》）

（3）"宋祖英的歌不好唱呀！"记者怀疑自己是不是听错了，错把"听"字听成了"唱"字，所以插了一句。（新华社 2004 年新闻稿）

二是用在形容词、动词前，表示程度深，并带有感叹语气；"坏"也没有表示程度的这一用法，李晋霞（2005）认为"好"有从表"优点多的，令人满意的"的性质形容词虚化为程度副词的现象。这类程度副词"好"常用在形容词之前充当状语，表示程度深，多带有感叹语气，"坏"还并没有演化出副词的用法。"好""坏"二者在状语位置上是完全不对称的。例如：

（4）雾重庆的冬，好冷！那蒸笼般的夏，好热！（《人民日报》）

（5）有一次他梦里得到一双白色鞋，如云般轻，如雪般白，如棉般软，好舒适、好漂亮。（《人民日报》）

（6）他费了好大的劲儿才说服管理当局清除建筑文物上的广告和政治标语牌，

并把文物保护的思想逐渐在群众中普及，越来越多的人认识到，并非新的就更美和更好。（新华社 2004 年新闻稿）

"好"用在形容词之前表示程度深，意义相当于"很"，但不同于"很＋形"的是，"好＋形"主观性更强，带有感叹的意味。

三是用在"看、听、闻、吃、受、使、玩儿"等动词前面，表示使人满意的性质在哪方面，如"好看、好吃、好听"等，这些结构紧凑，有词化的倾向，跟这个"好"相对的是"难"："难看、难听、难闻、难吃、难受"。"坏"没有这一用法，例如：

（7）我承认这些女孩子脸蛋好看，但她们不过是一些花瓶。（《中国北漂艺人生存实录》）

（8）她的脸——也许说不上漂亮，可也不难看。（挺大方的）我倒不在乎她的脸。（《读书》）

（9）这就好比吃甜品一样，先吃点你不喜欢的食物，那么甜品感觉会更好吃。（姚明《我的世界我的梦》）

（10）我们穿上救济所的绿围裙，在开始工作之前，先尝一下饭菜，实在难吃。（《人民日报》）

（11）他说，中国古代的孔子也说过一句话，意思是有的人说得好听，实际上是想害别人，这种人不能算是好人。孔子的原话是"巧言令色，鲜矣仁！"（新华社2004年新闻稿）

（12）我不想饿死在北京，说得好听点，我还有理想没去实现；说得难听点，我也怕死，我还不想这么早离开人世。（《中国北漂艺人生存实录》）

综上所述，"好"可以充当状语修饰形容词或动词，而"坏"不能充当状语成分。

"好"还可以用在表示数量或时间的词语之前表示强调大量，其中数词主要限于"一、几"，常见的用法有"好几＋量词""好一会儿"等，例如：

（13）看样子它曾经折断过他的好几根肋条，很可能还伤及了他的内脏。（莫言《红树林》）

（14）这里的雾常常弥漫不散，连续好几天，空中都是充满了白茫的小水滴。（《中国儿童百科全书》）

（15）库尔班江高兴地说，虽然过节自己也想休息休息，每天为好几场婚礼伴奏也很辛苦，但每当他拉起手风琴用音乐为新人开道时，新人们幸福的表情都能将他感染，令他忘记疲乏，感到发自内心的喜悦。（新华社 2004 年新闻稿）

（16）我冷得实在受不了，便爬起来跳跃，直跳得身上冒汗，再爬上床去睡，就这样，一夜要反复折腾好几次。（《中国北漂艺人生存实录》）

（17）过了好一会儿，画家终于完成他的作品，他拿着餐巾左顾右盼，摇头晃脑地欣赏着自己的杰作，深觉这是有生以来画得最好的一幅作品。（《中国北漂艺人生存实录》）

第六节 "好"和"坏"充当独立语时的对称性

独立语是地位独立、位置灵活的成分。"好""坏"单独使用的情况多出现于语篇对话中，两者的功能有很大的不同。例如：

（1）相传刘彻（公元前 156 —前 87 年）做太子时，姑母想把女儿陈阿娇嫁给他，问他："阿娇好不好？"刘彻回答说："好，如果能娶阿娇做妻子，我给她盖金屋子住。"（《中国儿童百科全书》）

例（1）中的"好"是对上文的问句"好不好"的回答，"好"的意义实在，表示满意，这是"好""坏"比较常规的用法。作为本义回答的"坏"也常被"不好"的委婉说法所替代，这是受人们会话原则中的礼貌原则所制约的。而更多的情况下，单用的"好"的意义虚化，不表示很具体的词汇意义，不再是对上文"好"的问句的回答，而是具备某种话语功能。邵敬敏、朱晓亚（2005）将功能词"好"的话语功能细分为赞赏功能、应允功能、确认功能的积极应对功能、礼貌功能、让步功能、讽刺功能的消极应对功能以及话语衔接功能，是已有的对"好"的功能分析全面的研究，并指出"好"后面经常也会添加一些如"的、啊、吧、了"的语气词显示不同的功能色彩。吕叔湘（1999）认为单用的"好"类似叹词，表示某种语气，可以表示同意、结束、反话（表示不满或幸灾乐祸）三种意思。方永莲（2012）将"好"

的会话功能概括为赞许、知悉、评价、礼貌、退让、反语，同时也指出"好"也具有话语衔接功能。在此基础上，本书将单用"好"的主要功用分为以下类型：

首先，本书认为"好"的评价意义逐渐减弱，表示"应答对方、肯定对方"的功能义增强。例如：

（2）我说，"我来拿，没问题。"

　　杰伊·纳莫克，我们的设备经理，看我把包拿下车，说，"好，是新人的活。"（姚明《我的世界我的梦》）

上例中的"好"表示对对方的观点意见的赞同。

其次，单用的"好"也能够起到话语衔接的功用，使得话语的起承转合显得自然，例如：

（3）主持人：好，我们就在掌声当中请出我们今天《对话》的嘉宾，国家知识产权局局长田力普先生，欢迎他。（《对话田力普：关注知识产权》）

上例中开篇的"好"起的是承上启下的作用，主持人在观众的掌声结束后开启了谈话的序幕。

有时"好"之前也可以添加指示词"那"，也是表示对上文说法的肯定，例如：

（4）丁作明依然毫不示弱，说道："即便按照你刚才的处理意见，我也够不上是'刑事犯罪'；就是你对我'刑事拘留'，也应该在二十四小时内说清楚拘留我的原因。"

　　彭志中说："那好，我告诉你，我可以关你二十三个半小时，放出去后不给钱，我再关你二十三个半小时，直到你出钱为止！"（《中国农民调查》）

以上对话中，对话人首先用"那好"表示对说话人一种无奈的暂时退步的肯定，之后再引出自己真实的想法。

"好"独用时也经常连续使用，加强语势或是表达一种不耐烦的态度、体现出敷衍的感觉，例如：

（5）鸿渐说："好，好。你上去瞧瞧张妈收拾好没有。"（钱钟书《围城》）

（6）我不敢说，第一这会使我太太不高兴，第二烫发师一定要说这是我们"贪小"，舍不得烫八元钱的缘故，自然以我太太长年不烫发来说，偶尔的一次的确比不烫好看多了，所以当我太太问我"好不好"的时候，我连连称赞："好，好。"太太自然非常高兴了。（《太太的更正》）

（7）"幻想"变成了现实，素来感情容易激动的钱三强高兴得语塞，只是连声点头称道："好，好，好。"（张纪夫《钱三强四进中南海》）

充当独立语的"好"除了常出现于句首，还可以放在句中或者句尾，例如：

（8）当天下午，毛泽东向邓提及 10 月 17 日政治局会议上的"风波"，对邓小平公开抵制江青一事十分赞赏，高声说道："你开了一个'钢铁公司'，好，我赞成你！"（铁骥《周恩来与邓小平在 1974（下）》）

（9）用总经理崔颖琦的话说："别人搞小型家用空调，我们就搞大中型柜式空调，因为起点高，投入多，技术难度大，别人不想干，好，那就让我们来干。"（《人民日报》）

例（8）（9）中的"好"位于句中，其后的话语多是对之前话语的总结和概括，"好"在这里起到得出结论的作用。

"好"单用的功能比"坏"丰富，对"好"的话语功能的研究比较充分。邵敬敏、朱晓亚（2005）将单用的"好"称作功能词，通过对其历史发展轨迹的考察，认为"功能词'好'显然是从形容词'好'发展而来的，开始时，主要还是应用于赞赏和应允，这两者的区别只是引发语的不同，一是陈述，一是要求（建议），这跟形容词'好'的语义有着明显的联系"。"坏"很少单独作为句子独立成分使用，"坏"之后常添加"了、啦"等成分成为人们话语中的习惯性用语，有"引起注意、提醒警觉"的功能，其后叙述的均为消极负面的信息，例如：

（10）哟，坏了，这些红眼睛的小蜜蜂，居然也产起卵来啦！（《1994 年报刊精选》）

（11）"坏了，出事了，瓦斯爆了，里头还有三个人！"（《1994 年报刊精选》）

（12）曹福祥满意地出来，刚走到大庙门口，就见放哨的队员跑过来，着急地说道："区长，坏啦，发现敌人。"（雪克《战斗的青春》）

"好"之后也可以添加"了、的、吧、啊"等语气词表达某种语气色彩，例如：

073

（13）试图说服病人做手术的医生可能越劝病人，病人越是反对，病人乐于受到医生的关注，像孩童一样，玩玩反抗的游戏，但当医生说："好了，你自己决定。"（《哈佛经理领导权力》）

（14）因此，当比尔·桑德斯告诉我苹果有些想法时，我说，"好的，只要他们不让姚明和一个小矮人配对就行。"桑德斯顿了一下，然后说，"嗯，其实……"（姚明《我的世界我的梦》）

（15）我终于下了决心，无奈地说，"好吧，你现在就帮我刻录，我去洗个澡。"（《中国北漂艺人生存实录》）

（16）今年2月6日，姜春云同志在齐河了解了上述情况后肯定地说："好啊，你们这里因地制宜发展蔬菜，走出了一条奔小康之路，照这样干下去，欠发达地区农民发家致富大有希望。"（《人民日报》）

"好了""好吧"主要呈现的是"消极应对功能"，"好的""好啊"适用于"积极应对功能"，"好吧"和"好了"还都可以用于"话语衔接功能"，各自的分工比较明确。

形容词"好"有时能成为小句的直接构件，即"好"可以直接带上某种语气，形成一个单词句，通常是感叹句，有时也会连续叠用，例如：

（17）沈钧儒看了这篇报道后，也高兴地对工作人员说：好！（《人民日报》）

（18）李副总理频频点头，连声称赞："好！好！"（《1994年报刊精选》）

感叹句"好！"表达了一种赞叹和肯定的情感，有向口语标记演变的倾向，"坏"不能自由地带上感叹号成为一个单独的感叹句，往往需要一定的语境促成。根据对CCL语料库检索，仅发现一例，例如：

（19）"你们说：韩老六坏不坏呀？""坏！"大伙齐声答应了。（周立波《暴风骤雨》）

"坏"是对上文问句的回答，意义实在，独词感叹句"坏"对上文的回答简短有力。在具体语料中还可见到"不好"加感叹号单独使用的情况，例如：

（20）"不好！"他吃了一惊，浑身冷汗都出来了：联络图关系重大要是"敌

人"看见，对剧情有碍；要是自己捡起来，又会被"敌人"怀疑，怎么办？（小仲《话说当年智取威虎山》）

（21）"不好！"不知是谁凄惨地尖叫一声。陈芳永抬起头，只见一片潮水猛虎下山般朝他们扑来，前方大堤决口了！（周汉民、何建强《牛田洋，迟到 27 年的追认》）

这里的"不好"的用法相当于"坏了"，指事情的形势出人意料，事情的发展不在人们的掌控之中，使人措手不及。句首感叹句"不好！"具有警示提醒的语用价值，有演变为话语标记的趋势，起到提示下文的话语功能。

第四章 "好"和"坏"在特定格式中的对称性

本章主要拟讨论"好"和"坏"的一些特定格式，分析"好"和"坏"在特定语境中的对称性情形，从而更全面地看待"好"和"坏"的对称性问题。

第一节 "好"和"坏"的对举格式

"好""坏"常同时出现，形成对举格式，这种语言环境能够显示出比较或对照的意义，往往是两件事对比着说的，在这样的情形下，"好""坏"都是对称的，并表达周遍的含义，表示完整的意义。伍晓丹（2011）通过研究得出结论："反义对举也可以成为全称量化的表达方式，反义复词与反义对举结构都可以用来表达全称量限的含义。""好""坏"对举的格式主要有以下几种类型。

一、并列式词语"好坏"

汉语中有一种造词格式为"两端对举"（孙常叙2006）造词，如"大小、厚薄、早晚、多少、深浅、轻重"等，"好坏"也属于这一类别，逐渐有词化的倾向，"好坏"的造词顺序为"肯定项＋否定项"，肯定项在人们的心理和认知倾向中属于显著的、期待的部分，而否定项是人们不愿意得到的结果，因此这种语序符合人们的选择次序。类似的"好歹"已完成语法化的进程,"好歹"在《现代汉语词典》中已被收录,作名词时的意思就是"好坏",可用于主语、宾语,且多用于口语,还可以表示"危险(多指生命危险)",作副词表示"不计条件好坏,将就(做某件事)"和"不管怎样、无论如何"。"好歹"是反义复合词,"好坏"还处于词汇化的进程中,"好歹"不再仅仅是"好"和"歹"意义的简单叠加,增加了新的意义,而并列对举组合"好坏"的意义还多为"好"和"坏"二者意义的叠加,"好歹"的意义较"好坏"的意义更为丰富和凝聚。反义形容词"好""坏"并列组合为一体的使用十分频繁,在句中可以充当多种成分,具有体词性特征,表示囊括正反两方的情形,具有周遍意义。例如:

(1)婚姻基础的好坏,不仅关系到当事人的切身利益,而且也关系到子女、家庭和社会的利益。(《贯彻执行新婚姻法的一个重要问题》)

(2)家庭经济状况的好坏,不仅依赖家长的努力,而且与青壮年子女的素质有直接关系。(费穗宇、穆宪《青年社会学》)

(3)不少地方的百姓自古就认为樟树生长态势意味着当地风水的好坏,所以一般不准砍伐。(《江西乐安万棵古樟树聚成千亩林》,新华网 2004 年 5 月 24 日)

并列式词语"好坏"常充当定中结构中心语,这一用法居多,根据对 CCL 语料库的检索,"好坏"的这一用法占所有用例的 40%。除此之外,"好坏"还可以充当谓语、宾语、补语、主语等多种句法成分。

(一)"好坏"充当谓语

(4)作客时,对于主人的招待,无论东西好坏,爱吃不爱吃,都必须尽量领受。(张宇《兰屿风情》)

(5)选用电脑键盘也一样,不管性能好坏,都得使用大多数人通用且兼容的机种。(《哈佛管理培训系列全集·哈佛经理的能力》)

(6)修理厂成了"上帝",高高在上,不愁客户,无论服务质量好坏,车是修不完的。(《1994 年报刊精选》)

"好坏"充当谓语时,将其进行拆分,分别与主语进行组配都可以成立,如例(4)

中的"东西好坏"可以转换为"东西好、东西坏",例(5)中的"性能好坏"可以转化为"性能好、性能坏",例(6)中的"质量好坏"也可分解为"质量好、质量坏"。另外,"好坏"充当谓语的句子中经常会出现"无论、不管"等表示在任何条件下结果或结论都不会改变的关系连词。

(二)"好坏"充当宾语

(7)他认为,我们应该在观念上有所变化,不能光从分组上看好坏。(新华社2004年新闻稿)

(8)同样十元一斤的橘子,这中间自然也有好坏。(周宪文《经济学术论纲》)

(9)批判,总是要真正懂得好坏,尤其对精湛复杂的技巧处理上,应当慎重,不然也可能把好的东西批判掉了。(阿甲《戏曲表演规律再探》)

宾语位置上的"好坏"具有名词化趋势,搭配的谓语动词不固定,其中"有"较为常见。

(三)"好坏"充当补语

(10)基层任务完成得好坏,在很大程度上取决于领导机关革命化的程度。(《人民日报》)

(11)这项工作开展得好坏,不仅直接影响到政府的工作效率和决策水平,而且对内贸部门的改革与发展将产生重要影响。(《1994年报刊精选》)

"好坏"表示动作可造成的两种结果,后句可以是导致这种结果的原因和条件,谓语动词多为"取决于"等词语,也可以是这种结果带来的效应,后句的谓语动词多为"影响、关系"等词语。

(四)"好坏"充当主语

(12)结果,吃亏的是你,他只不过说说而已,吃下去真的好不好,他并无多大责任,如上面所说,好坏没有一定标准。(《哈佛经理的能力》)

(13)因八级工制和身份所限,过去大家同工不同酬,多劳不多得,好坏无差别。

（《1994 年报刊精选》）

还有一种"好坏"是偏正性结构，"好"是副词用在形容词"坏"之前表示程度深，并且带有感叹语气，与上述并列对举的"好坏"不同，例如：

（14）肉麻与装嫩是言情剧的一大特色，那些"你坏你坏你好坏""你真的让我的心好痛"之类的台词，让人听了浑身直起鸡皮疙瘩。（《中国北漂艺人生存实录》）

例（14）中的"好坏"即是很坏的意思。

二、"V 好 V 坏"式结构

在动词后充当补语时，"好"和"坏"也常对举出现，从而构成"V 好 V 坏"四字对称格式，这一格式带有反复意义，可以充当主语、谓语等句法成分，整个格式经济简省，属于紧缩结构，其中"好""坏"可以是结果补语或者可能补语，例如：

（1）市里呢，觉得企业不可靠，它的婆婆在省里，在中央，搞好搞坏，市里没有什么责任，也就远而敬之。（《1994 年报刊精选》）

（2）他还讲了要贯彻执行按劳分配的原则，批评了干多干少一个样、干好干坏一个样、会干不会干一个样、干与不干一个样等平均主义倾向。（《人民日报》）

（3）她知道人们对她的一生会有各种各样的评价，碑文写好写坏都是难事，因此立了个"无字碑"。（《中国儿童百科全书》）

（4）实行贷学及高额奖学金制度，以图改变过去"学好学坏一个样"的状况，激发学生的进取拼搏精神。（《1994 年报刊精选》）

（5）这办法改变了过去演与不演一个样、多演少演一个样、演好演坏一个样的状况。（《1994 年报刊精选》）

例（1）至例（5）中的动词分别为"搞、干、写、学、演"，"好""坏"的语义指向为动词本身，"对举式的一个突出的作用就是增加句法功能（刘云2006）"。通过"V 好 V 坏"的四字格对举，有些本来不能说的动补式变得可以成立了，二者对举促使了部分成分的成活，使得"好"和"坏"的对称在形式上显得十分工整。

三、小句列举式

反义词本来就是相伴而生的一对词，因此在同一句法位置中的对举出现也十分普遍，在各类句法位置"好"和"坏"也常同时出现，有时"好"和"坏"中间用"与"字联结，整个句子表达一种周遍含义，阐述不同情况，有时"好"和"坏"是在一个句子中的同一位置同时出现，有时"好"和"坏"是在各自的小句中的同一句法位置出现，整体构成复句，这种语境中的"好""坏"都是对称的。主要有以下类型。

（一）主语位置对举

在主语位置共现的"好""坏"后的动词主要有系动词"是"，例如：

（1）好与坏、善与恶、美与丑，都是客观存在的。（徐光春《哲学与新闻》）

（2）好和坏是比出来的，眼界狭隘的人自然不能知道好的之上更有好的，不看坏的也感觉不出好的可贵。（《读者》）

（二）定语位置对举

这一位置的对举出现尤为普遍，有时"好""坏"修饰的中心语会省略，例如：

（3）情况反映不光是问题，好的与坏的典型也要反映。（陆云帆《新闻采访学》）

（4）在这以前，恐怕很少有人知道我宋丹丹是何许人也，但电视剧《寻找回来的世界》一播放，不管我走到哪，前呼后拥一大帮子人，指手画脚，窃谈碎语，你就听吧，好的坏的，荤的素的什么全有。（达为《宋丹丹，透明的姑娘》）

（5）新的、好的事物天天出现，但旧的、坏的东西也比比皆是。（田流《报告文学新貌》）

（6）好的教员赶走他，坏的教员留着闹事，这种董事部职员不改组，学校那里办得好哩！（林参天《浓烟》）

（7）要区分可能与不可能，现实的可能与抽象的可能，好的可能与坏的可能，同时还要分析可能性的大小。（王锐生 冯卓然《马克思主义哲学基本原理》）

（8）自我实现者承认在每一事物中既有好的一面，也有坏的一面；他们没有否定任何人或任何事物的消极需要，更能忍受事物的真面目。（陈仲庚《人格心理学》）

由以上例子可以看出，对举扩展了"好""坏"可修饰的名词的范围，在对举条件制约下，"好"和"坏"都是对称的。

（三）谓语位置对举

"好"和"坏"同时出现在谓语位置，有时是单用，有时其后会加上"了"，例如：

（9）因此，笼统地讲流行音乐好与坏，是片面、肤浅的；以个人的好恶代替科学的分析、进行"教育"，更是不可取的。（姚思源、李婉茵《创造性音乐教学新探》）

（10）好了便罢，坏了，看人家骂得你头臭！（朱俐《红花妹》）

（11）谁好、谁坏、谁忠、谁奸、谁是、谁非、谁美、谁丑、谁善、谁恶、谁高、谁低、犹如泾渭，清浊分明。（张喜林《气贯长虹》）

（四）中心语位置对举

"好"和"坏"均充当定中结构的中心语，"好""坏"有名物化的趋势，例如：

（12）对于一个舞蹈演员来说，节奏掌握得好与坏，直接影响着他的艺术水平的提高与发展。（高守贤《蒙古族青少年舞蹈》）

（13）有一种人知道是在谱写自己的历史，却不知道自己的历史和社会发展史有什么关系，这种人是以某种特定条件下的正误为标准，这两种人都是属于普通的人，平凡的人，好也是普通的好，坏也是普通的坏，不是英雄也不是奸雄。（《读书》）

（五）补语位置对举

"好"和"坏"在补语位置共现，可以出现在同一个句子，也可以分别出现在不同小句，与其搭配的谓语动词是相同的，"好""坏"直接接在动词之后或是由补语标志"得"进行连接，例如：

（14）走好了，走入独立自由的途程；走坏了，压根儿将民族二字取消——这真够得上"划时代"了！（崔敬伯《中国财政之划时代的展开》）

（15）地球究竟是方是圆，英语学得好还是坏，先搁一边儿吧。（罗达成《芭蕾》）

（16）基础打得好与坏，直接关系到成才的基础和比数。（叶忠海、陈子良《人

反义词"好""坏"的对称性研究

才学概论》)

（六）宾语位置对举

"好"和"坏"在句子的宾语位置同时出现，之前的谓语动词多为"有""是"，"好""坏"是对称的，例如：

（17）他对上级有好报好，有坏报坏，不图虚名，讲究实效；他对下级有好听好，有坏听坏，有凡事与群众商量研究的民主作风。（马铁丁《偶感录》）

（18）相信我，就告诉我，她是好是坏，我心里就没本账？（张思聪《光明行》）

（19）宗教有好有坏，衡量的标准，是看其是否"有益于生民"。（王友三《中国宗教史》）

（20）符合自己意愿的，就是好；不符合自己意愿的，就是坏。（徐光春《哲学与新闻》）

四、否定对举式

相对反义词"好"和"坏"的否定式"不好""不坏"并列对举形成了"不好不坏"的否定对举构式，"不好不坏"可以充当定语、谓语、宾语等多种句法成分，人们的主观心理期待值是肯定项"好"，"不好不坏"表示一种中立的态度，例如：

（1）我原来在学校里学习一直平平常常，不好不坏，现在突然一跃而成为全班第一，我如饥似渴地念了好些书，常常念到深夜，因为我知道，你喜欢书本。（翻译作品《一个陌生女人的来信》）

（2）事实上，生活中大多数人是不好不坏，亦好亦坏的，英雄和人渣毕竟是少数，一个常谈文学作品的人完全可以从一首诗所宣泄的情感，一篇散文所寄托的爱憎，乃至一部小说那极其复杂的人物性格中筛选出哪些是正面的，哪些是负面的，哪些是积极的，哪些是消极的。（《1994年报刊精选》）

例（1）中"不好不坏"是指学习成绩处于中等水平，属于中性评价。例（2）中的"不好不坏"也是形容人的中间状态，而非"好"或者"坏"两种极端状态，语义色彩不褒不贬。"从节奏上说，汉语的基本节奏单位是双音节，节奏变化的最简单形式是四音节，即 2＋2 拍，如：'不好不坏'，这样 2＋2 的节奏比较稳定、和谐，像在整齐的节拍之中，有着富于变化的音调，听起来十分和谐，说起来十分上口。"（吴乐雅 2006）在有的情形下"不好不坏"实际上还是会呈现出一定的消极含义，这一点可以从"不好不坏"使用的语法环境而推出，例如：

（3）现在达到这个标准的报刊中，有些是不好不坏甚至打擦边球的，类似工业企业中高能耗、低效益的企业。（《人民日报》）

（4）田平抽得大吉之签而豆儿则是不好不坏，回去的路上便叹说："要是李亚在，我肯定也是个大吉。"（方方《白雾》）

（5）谁知道，老人住院以后，不好不坏，不死不活。（白桦《淡出》）

以上例句倾向于一种否定评价，反映出说话人对事物主观上的失望或对结果的不满意，这里的"不好不坏"在人们看来就是侧重于事情"不好"的方面，表示的是一种特殊的不满意，句子中的其他词语也能从侧面反映出全句的感情基调，比如例（3）中的"打擦边球"、例（4）中的"叹"、例（5）中的"不死不活"都带有消极的感情色彩，因此这些语境中的"不好不坏"也倾向于否定表达。

还有一种与"不好不坏"近义的四字对举格式为"半好半坏"，"好""坏"与数量词"半"搭配，例如：

（6）外来装修企业半好半坏，几家欢喜几家愁？（《盐城晚报》2012 年 3 月 13 日）

（7）美国金融体系仍然"半好半坏"。（《欧债危机僵持不下　降级之风愈加猛烈》，新浪财经 2011 年 12 月 22 日）

"半好半坏"也是用于评价对象处于中间状态，可扩展为"一半好一半坏"，意义接近于"不好不坏"。

"好"和"坏"的否定形式"不好"和"不坏"并不完全对称，"不"否定的结果为形容词所表示的性质依然在一定的程度上存在着，也就是说，"不"是对形容词的不完全否定，"不好"和"不坏"都是相对委婉的表达，程度上没有"好"和"坏"极端。例如：

（8）我没什么值得骄傲的回忆，上小学时我的学习成绩就不好，既贪玩又爱和人打架，学习成绩上不去，回家就挨揍，父母简直觉得我不是个东西。（《中国北漂艺人生存实录》）

（9）梅佐贤看他心思重重，局面有点僵，他看到守仁信上谈到自己读书的事，便笑着说道："守仁在香港书院里的成绩不坏，总经理。"（周而复《上海的早晨》）

五、成语俗语中"好"和"坏"的对称性

成语中与"好"对称出现的多为"坏"的近义词"歹""恶"，主要有"不知好歹""不识好歹""好说歹说""作好作歹""说好说歹""说好嫌歹""嫌好道恶""做好做恶""好坏参半"等词语，"不知好歹"的意思是"不辨好坏，指不明事理或不了解内情；指不能领会别人的好意"；"不识好歹"中的"歹"就是"坏"的意思，"不识好歹"就是说"不知道好和坏，指不分是非"；"好说歹说"是"形容用各种理由或方式请求或劝说"；"作好作歹"犹言好说歹说，"比喻用各种理由或方式反复劝说"；"说好说歹"既指"百般劝说或请求"，也可以指"评论好坏"；"说好嫌歹"的意思是"说这个好，嫌那个坏"，泛指批评；"嫌好道恶"也即"说好道坏"，指"挑剔苛求"；"做好做恶"是指"假装做好人或恶人，以事应付"；"好坏参半"是指"好"和"坏"的方面各占一半、不分上下。

俗语"好事不出门，坏事传千里"指"好事不容易被人知道，坏事却传播得又快又广"，这里的"好"和"坏"是对称的。而大部分的俗语中"好""坏"是不对称的，由"好"构成的常用俗语有"好马不吃回头草"，"好汉做事好汉当"，"好记性不如烂笔头"，"好汉不提当年勇"等。"好马不吃回头草"是"比喻有志气的人立志别图，即使遭受挫折，也决不走回头路"；"好汉做事好汉当"是指"敢作敢当，不推责任"；"好汉不提当年勇"的意思是"真正的英雄好汉，是不在人们面前夸耀自己以前是如何英勇的"；"好记性不如烂笔头"用来说明人们光凭记忆不如写下来牢靠。这些俗语都是与人们日常生活息息相关、十分通俗并广泛流行的定型的语句，因此不存在由"坏"组成的对称用法。由"坏"参与的俗语有如"一颗老鼠屎坏了一锅汤"，意思是用来比喻一点不好的东西，就会坏掉一个大好的局面。除了对举出现的俗语中的"好"和"坏"是对称的，由"好"或"坏"单独构成的

俗语均是已约定俗成的固定形式，因此并不存在对称的格式。

第二节 "好"和"坏"计量方式的对称性

石毓智（1991）在讨论形容词的肯定与否定用法时，根据能不能用"有点儿、很、最"三个程度词分别加以修饰的标准，将能够用该程度词序列分别加以修饰的叫非定量形容词，它们都可以加"不"否定，"好""坏"归属于这一类。"好"和"坏"都可以用一系列程度词修饰，具有连续量性质，另外，"好"和"坏"也可以后接体标记"了"，加上"了"使该形容词有了明确的终点，而且大都还可以跟数量成分，可加体标记和数量宾语这两个特征标明"好""坏"又具有离散量性质。

"好""坏"属于相对反义词，两者中间存在着一定的层级，如可以说"比较好""比较坏"，是一个比较的连续统，图如：

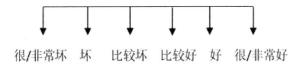

非定量形容词"好""坏"前面可以添加程度词表示不同量级，它们之间存在着量或程度的区别，非定量形容词最典型的数量特征是连续性，但二者在一些计量方式上是不对称的。

一、客观计量

（一）微量的表述

"好"能够与表微量的程度词"稍微、略微、稍稍、稍为、稍"等构成表述客观微量的句法格式，其后多带有"（一）点儿""（一）些"，例如：

（1）罗马尼亚队运气再稍微好一点的话，也很有可能击败瑞典队。（《人民日报》）
（2）后来，他又重写此书，改成更简单一些的形式，效果稍为好些了。（《普

通心理学》）

（3）我知道后很生气，亲自批准处决了3名被查获的"不法"商人，以后市场上的情况虽一度稍稍好些，但民间存粮毕竟有限，几经折腾，也未搜到多少。（《1994年报刊精选》）

（4）拿着洋人的数据，一个一个对比，把性能相近，比他们略微好一点的型号抄下来。（不光《闽西南》）

（5）对自然条件稍好的地段进行人工培植草皮试验，辅以喷播、覆膜等技术，在沱沱河长江源区，高原路基植草专项试验已取得了初步成功。（《中国政府白皮书·西藏的生态建设与环境保护》）

由张国宪（2006）的研究可知，"稍为/略微/稍稍/稍为/稍＋A＋（一）点儿/些"这一格式排斥[＋贬义]形容词的进入，"在比较句中客观计量的微量表述适宜于积极意义，主观计量的微量表述适宜于消极意义"，因此贬义词"坏"不能用客观微量表述，缺少这一表达格式，与"好"形成不对称。

（二）中量的表述

"好""坏"中量的表述通过使用"比较、较比、较为、较"等表中量的程度词形成的有标记表达方式"比较/较好""比较/较坏"或是采取形容词零形式，二者是对称的，"比较/较好"表示的量处于"稍微好"与"好"之间，"较好"所表示的量比"稍好（一些）"高，但比"好"要低，其量级高低顺序为："好" > "较好" > "稍好（一些）"。例如：

（6）我庆幸自己选择了一家比较好的模特公司。（《中国北漂艺人生存实录》）

（7）万一其实对方比我们实力强得多，那怎么办，所以每个人都要做一个比较坏的打算。（赵汀阳《博弈问题的哲学分析》）

（8）大家充分肯定了一年来"巾帼建功"活动致力于推动下岗女工再就业，促进了社会稳定；倡导开展的"巾帼文明示范岗"活动，促进了女职工业务技能的提高和服务质量的改善，促进了行业树新风，在社会上产生了较好的影响。（《人民日报》）

（9）近年来，长沙市街头一些酒家、歌厅、商店名称和广告招牌带有较浓厚的

殖民地、封建迷信色彩和低级趣味,以此招揽顾客,在社会上产生了较坏的影响。(《人民日报》)

(三)高量的表述

"好""坏"可以通过前加高量程度词"更加、更为、更、越加、越发、愈加"等表示程度高,一般用于"比"字句,这一表述必须有"与之相比较的事物必须具有一定的同质程度"(张国宪 2006)这一预设。例如:

(10)群众最关注的蔬菜市场情况更好,分别比元旦下降30%—50%以上。(《市场报》)

(11)娱乐室中乱糟糟的实在无法休息,内间的小房情况更坏,我便走到工作室中。(朱邦复《东尼! 东尼! 》)

(12)他们总是把过去看得比实际情况更好;对现在,则看得比事实上的更坏;而把将来描绘得过分的乐观。(《读者》)

(13)所以市场出现了层次分化,做得好的企业更加好,情况不好的企业愈加坏,企业的兼并、项目整合大量的发生,行业整合加速。(《秦虹:未来中国房地产市场 大房企整合成趋势》,新浪房产 2012 年 11 月 9 日)

(14)玳珍勉强一笑道:"你的兴致越发好了!"(张爱玲《金锁记》)

(15)那一天,就是我出来的前一个月,那时正是家徒四壁,囊无一文,他脾气越发坏了,不是捶床拍枕,就是咒天骂地。(《为父报仇:龚自珍之子引英军烧圆明园》,《北京日报》2008 年 12 月 23 日)

(四)极量的表述

"好""坏"前添加"最、顶、最为"等极量程度词来表示极端状态,指胜过于其他任何事物。"极量表述适宜于多项比较,而高量表述适宜于双项对比"(张国宪 2006)。例如:

(16)当时,北京电视台的记者采访我:"2008 年,你正好 28 岁,最好的时候,会不会再给大家一个惊喜?"(姚明《我的世界我的梦》)

（17）美国在决定制裁叙利亚的问题上犯了一个错误，因为这个决定是在最坏的时候作出的，此时阿美关系的紧张程度已无以复加了。（新华社 2004 年新闻稿）

（18）他至今还在斯坦福，是个顶好的人。（王启龙《李方桂先生谈语言研究》）

（19）我自己还不算是一个顶坏的人；可是我可以指出我的许多过失。（翻译作品《哈姆雷特》）

由以上可以得知，"好""坏"及其比较级的客观计量的高低（从左到右、从低到高）如下：

稍好→比较好→好→更好→最好

较坏→坏→更坏→最坏

二、主观计量

除了用表示客观量的程度词来对非定量形容词"好""坏"进行量的理智判断，也可以用表主观量的程度词来进行量的主观描绘。"好""坏"的主观计量同样可以分为微量、中量、高量和极量四个量级。

（一）微量的表述

"坏"之前可以添加表微量的程度词"有点儿"表示程度不高，"好"之前无法添加"有点儿"，具有 [＋褒义] 特征的形容词一般是不进入"有点儿＋形容词"的格式的，二者形成不对称。例如：

（1）射击队心情有点儿坏（新闻标题）（《新京报》2004 年 8 月 10 日）

（2）邓超：书生这个角色有点儿坏（新闻标题）（《北京青年报》2011 年 9 月 14 日）

这是因为"主观微量的表述有较强的感情色彩，多用于不如意的事情"，与主观微量程度词"有点儿"组配的形容词应为贬义词，"主观记量中的微量表述适宜于消极意义"，"好"只有在之前添加否定词"不"，才能受"有点儿"修饰，构成"有点儿不好"的说法，例如：

（3）他怕车队强烈的灯光，怕军车上的人发现了这雪地里的秘密——他甚至不

知道为什么怕这个，反正，他觉得这有点儿不好。（《读者》）

（二）中量的表述

主观计量的中量是通过形容词的重叠或加后缀来实现的。"好""坏"的重叠方式主要有 AA 式，即"好好""坏坏"，这种完全式重叠所标示的量级与重叠式在句中的位置是息息相关的，"'坏字眼'形容词偶尔重叠，多在状语或补语位置上，以表示加重和强调"（张国宪 2006），因此"好""坏"在主观中量的表述上是不完全对称的。例如：

（4）吃完饭，词作者溜掉了，临走时冲他的这位"哥们"眨了眨眼，又冲我不怀好意地笑了笑，让我与他好好谈一谈，争取合作顺利。（《中国北漂艺人生存实录》）

（5）哥俩同一父母，陆武桥生得身材颀长，五官端正，气宇轩昂；陆建设却生得委琐矮小，脸色苍白，一双三角眼坏坏地乱转。（池莉《你以为你是谁》）

（三）高量的表述

"好""坏"前面通过添加"很、太、非常、十分、挺"等程度词用来表示主观的高量，二者是对称的，例如：

（6）贾植芳说，苏青不施脂粉，布衣布鞋，端庄朴素，给他留下很好的印象。（《1994 年报刊精选》）

（7）他们购买商品等手段达到获利目的，这种行为给部分中国游客留下了很坏的印象。（新华社 2004 年新闻稿）

（8）他脾气似乎挺好。可是别惯坏他。如果你一开始就错了，你会懊悔的。（翻译作品《天才》）

（9）梅兹的牙齿闪闪发光，他从容地坐下，看上去脾气挺坏。（翻译作品《地球》）

（四）极量的表述

"好""坏"之前添加程度词"极、极为、极其"表示极量，标示程度达到顶点，二者是对称的。例如：

（10）进行高度思想集中的正确练习可以很快地产生极好的结果。（《读者》）

（11）农业生产的极强的时间性和收成对气候的依赖性，使人们意识到，任何对季节时序的违背，都会带来极坏的结果。（刘泽民《从汉语看汉民族的传统时间观》）

（12）在被问及自己对林书豪的看法，卡特笑着说道，"他做了很多不错的事情，他打的极其好，但是那里的炒作很多，你无法阻止它"。（《卡特谈林书豪：他打得极其好 当心纽约媒体爱炒作》，新浪体育2012年2月15日）

(13) 在上届城市运动会上，某足球代表队的三名运动员年龄经查涉及造假，这些当时都在社会上产生了极其坏的影响。（《张剑主任在十二运会竞赛工作会议上的讲话》，华奥星空2013年3月21日）

根据以上考察，本书可以将"好""坏"计量方式的对称性情况列表如下：

计量方式	层级（标志词[1]）	好	坏	对称性情况
客观计量	微量（稍微）	＋	－	不对称
	中量（比较）	＋	＋	对称
	高量（更加）	＋	＋	对称
	极量（最）	＋	＋	对称
主观计量	微量（有点儿）	－	＋	不对称
	中量（重叠）	＋	－	不对称
	高量（很）	＋	＋	对称
	极量（极）	＋	＋	对称

三、其他计量格式

（一）"好 / 坏"＋程度副词

除了以上前置的程度词表量外，有的程度副词如"极、很"等还可以后置于形容词之后，构成"形＋极了""形＋得很"结构，通过变换语序，这类后置程度副词结构表达的量高于"极＋形""很＋形"，"好""坏"均能添加这类后置程度副词来计量，例如：

（1）最近何阳讲学归来后，通过电话告诉记者：这回出外讲课的情况好极了！

---

[1] 表中选取主要代表词语，但并不意味着仅限这些词语。

（《1994 年报刊精选》）

（2）记得四十年代后期在香港，那时他工作量大，经济情况坏极了，但他几乎每天必到书店报到，尤其是专卖外文书的别发洋行和辰衡图书公司。（《读书》）

（3）美国兰登书屋主持人塞尔夫自传末段说："我的运气好得很——有唐纳德做我的合伙人，有菲丽斯做我的妻子，还有我引以自豪的两个儿子。"（《读书》）

（4）鸿渐忍不住道："我也算过命，今年运气坏得很，各位不怕连累么？"（钱钟书《围城》）

"坏"后还可添加程度词"透"，而"好"不能，例如：

（5）所以在他那些信中，一方面将姚副经理说得坏透了，另一方面却将松井健茨说得好极了……(梁晓声《激杀》)

（二）否定副词＋程度副词＋"好 / 坏"

"好""坏"前还可以同时出现否定词"不"和程度词"很、十分、太"等，形成"不很好、不十分好、不太好"和"不很坏、不十分坏、不太坏"的用法，二者是对称的，否定词"不"减弱了表达的高程度，这一格式的表述委婉，语值介于"不好"和"好"之间，例如：

（6）我常对小周愧疚地说："你嫁到我们家，条件不很好。"（《作家文摘》）

（7）这一年，秋景还不很坏，被李如珍叔侄们讹得破了产的户口，又都收了一季好秋，吃的穿的也都像个人样了。（赵树理《李家庄的变迁》）

（8）"我不十分好，"老印刷工人说。他意味深长地轻拍了拍胸口。这毛病把我给毁啦。（翻译作品《天才》）

（9）我之所以能成为一个不十分坏的人，是母亲感化的。（老舍《我的母亲》）

（10）那一年她在广东身体恢复得特别好，我们从北京给她打电话，告诉她北京的气候不太好，希望她在广东多住些日子。（《1994 年报刊精选》）

（11）如果气候不太坏，如果不起东风，如果船不出毛病，机器不发生障碍，亨利埃塔号从 12 月 12 号到 21 号这九天以内准能走完从纽约到利物浦的这三千海里的路程。（翻译作品《八十天环游地球》）

"好""坏"受否定副词和程度副词修饰构成的另一种格式是"程度副词＋否定副词＋好",程度副词可以是"很"等,否定副词主要是"不",可以组配成"很不好""很不坏"等用法,二者是对称的,例如:

（12）我看了看我们的律师,他面色很不好,说要走开一会,等他回来时,章明基说,"我们得送他去医院。"（姚明《我的世界我的梦》）

（13）洞中供奉山石雕成的观音像,比人高两尺光景,气度很不坏,可惜装了金,看不出雕凿的手法。（叶圣陶《记游洞庭西山》）

而"好"还可以组配成"太不好""十分不好""非常不好""极不好""最不好","坏"的这类对称格式不存在,例如:

（14）"这个风气太不好,好书就是好书,不用哪个名人作序抬身价。"适夷老人说。（孙小宁《生无所息的楼适夷》）

（15）有一位大学四年级男生因为失恋而造成情绪一直低落,心情十分不好,好像陷入了这种痛苦的体验中而不能自拔。（王登峰、张伯源《大学生心理卫生与咨询》）

（16）在接受《新京报》记者采访时,张云亭说:"拍胡同一定要拍到胡同牌子才有意义,可有的时候我早上到了拍摄地点,东西向的胡同,路牌偏偏在西边,逆光拍摄的效果非常不好,第二天就得返工。"（新华社2004年新闻稿）

（17）少数考核人员"吃了人家的嘴软,拿了人家的手短",使考核出现了"关系分""人情分"和"接待分",在部队产生了极不好的影响。（《作家文摘》）

第三节　"好"和"坏"在疑问句中的对称性

按石毓智（2001）对量级的定义:L_1＝最不;L_2＝十分不;L_3＝太不;L_4＝很不;L_5＝有点不;L_6＝不;L_7＝有点/比较;L_8＝很;L_9＝太;L_{10}＝十分;L_{11}＝最,可以将"好""坏"的量级差异表示如下:

	L₁	L₂	L₃	L₄	L₅	L₆	L₇	L₈	L₉	L₁₀	L₁₁
好	+	+	+	+	+	+	+	+	+	+	+
坏	−	−	−	−	−	+	+	+	+	+	+

积极成分"好"的量幅为 L_1—L_{11}([0,1]),消极成分"坏"的量幅为 L_6—L_{11}([0,0.5])。"好"是全量幅词,"坏"是半量幅词。"好""坏"都可以用于以下三类问句中,但各自的询问域是不同的:

1. N＋A＋吗?

例a:他人好吗?

例b:他人坏吗?

例a的询问域为 L_1,L_2,L_3,L_4,L_5,L_6,L_7,L_8,L_9,L_{10},L_{11}＋好

例b的询问域为 L_6,L_7,L_8,L_9,L_{10},L_{11}＋坏

2. N＋A＋不＋A?

例a:他人好不好?

例b:他人坏不坏?

例a的询问域为 L_1,L_2,L_3,L_4,L_5,L_6,L_7,L_8,L_9,L_{10},L_{11}＋好

例b的询问域为 L_6,L_7,L_8,L_9,L_{10},L_{11}＋坏

3. N＋有多＋A?

例a:他人有多好?

例b:他人有多坏?

例a的询问域为 L_6,L_7,L_8,L_9,L_{10},L_{11}＋好

例b的询问域为 L_6,L_7,L_8,L_9,L_{10},L_{11}＋坏

问句1和问句2中"好"的询问域大于"坏",全量幅词"好"是无标记的,半量幅词"坏"是有标记的,问句3中"好""坏"的询问域一致,全量幅词"好"与半量幅词"坏"都保持着自身的词汇意义,都是有标记的。"根据心理学家的实验,测验对象对含无标记形容词good的问题回答较快,而对含有标记形容词bad的问题回答较慢"(王立非2002)。

第四节 "好"和"坏"在比较句中的对称性

反义评价形容词"好""坏"也常出现在各式各样的比较句中,用于评价不同事物,由"好""坏"构成的比较句主要有以下类型。

一、A 跟 / 和 / 同 / 与 B ＋一样＋好 / 坏

这一类比较句的标志是用"跟、好、同、与"连接两个比较项 A、B,其后用"一样＋好 / 坏"揭示两个比较项的接近程度,"好""坏"构成的这一比较格式是对称的。例如:

(1)当我几乎和王治郅一样好的时候,我打了第一次奥运会,见到许多比他还好的球员。(姚明《我的世界我的梦》)

(2)这使得思嘉大为不满,几乎到了难以忍受的地步。这些人怎么都和弗兰克一样坏呢?(翻译作品《飘》)

(3)也有些母乳代用品在产品说明上使用不科学的广告词,如"母乳化奶粉""人乳化奶粉"或"本产品可以用作为婴儿出生后的主要食品"等,向母亲暗示其与母乳一样好,甚至比母乳还好。(《1994 年报刊精选》)

(4)我知道政府社会太不帮忙他们了,但是谁愿意帮忙与政府社会中一样坏的人?(老舍《猫城记》)

例(1)(2)(4)进行的是人与人之间的比较,例(3)是事物之间的比较。

二、A 不如 B 好

"不如"表示前面提到的人或事物比不上后面所说的,"A 不如 B＋形"这一格式里的形容词倾向于积极意义的,所以消极意义形容词"坏"比较难进入这一比

较格式,与"好"形成不对称,例如:

(1)通常,人们总以为掺过杂质的东西不如纯的好,但半导体却不然,半导体掺入微量杂质,它的导电能力就会成千上万倍地增加。(《中国儿童百科全书》)

(2)虽然中国队在前两场比赛都获得了胜利,但宫鲁鸣说,中国队到目前为止的表现不如预期的好,"注意力不够集中"。(新华社2004年新闻稿)

三、A(没)有B(这么/那么)好/坏

这一格式中"好""坏"通常与否定词"没"搭配,"好""坏"均可以进入这一格式,例如:

(1)老头子又说:亲闺女也没有你好。(戴厚英《流泪的淮河》)

(2)小莉说:"我要劝咱们大陆的一些同胞,台湾不是淘金的地方,没有想象的那么好。在那里好惨,好难过!"(新华社2004年新闻稿)

(3)开会的时候,侯伟跟全队球员说是邓华德唆使米尔斯"诈伤"的,这么一来,这种观念就已经根植到了球员的脑子里,其实邓华德没有他们说得那么坏。(《新疆某球员帮邓华德说话:他没有传言的那么坏》,中国体育在线2012年1月10日)

四、越来越好/坏

这一格式用于比较人或事物的数量或程度随着时间的推移而不断地发展变化,肯定程度的不断加深,这一格式的"好""坏"是对称的。例如:

(1)据甘肃白水江国家级自然保护区管理局局长张可荣介绍,现在大熊猫的生存环境越来越好,自1989年以来甘肃境内大熊猫栖息地扩大了2万多公顷,大熊猫的数量也稳中有升。(新华社2004年新闻稿)

(2)由于西班牙的政治环境越来越坏,戈雅77岁高龄时不得不流亡法国波尔多。(戴问天《戈雅:西班牙王室的朝臣与叛逆》)

五、越 Adj/V 越好 / 坏

这一格式是由 "越……越……" 为词标,前一词槽里容纳形容词或动词,"好""坏"可以进入后一词槽里,例如:

(1)学习总得越学越好才是,学习的目的是为了更好地工作,更好地为人民服务。(《人民日报》)

(2)可是我觉得他不看书,或者看了以后,越学越坏。(《1994年报刊精选》)

(3)他说,据他所知,国际奥委会对中国香港选手资格认定的问题,目前还处在 "技术层面",尚未进入到提交执委会或者全体代表大会讨论的阶段,因此还没有定论,但他个人希望香港选手到雅典参加奥运会去得越多越好。(新华社2004年新闻稿)

(4)张维迎:重要的是建立企业声誉机制 管制越多越坏(《人民邮电报》2006年8月11日)

还有一种 "越A越B" 格式由 "好" 和 "坏" 共同参与,表示在程度上B随A的变化而变化,形成 "越坏越好" 的用法,"越好越坏" 的用法使用得较少。例如:

(5)外调人员临走时,要我写一点材料,我知道是要我讲一些坏话,越坏越好,如上述 "靠不住" 之类,却又叮嘱不要扩大和缩小,这很使我苦恼。(《读书》)

(6)当记者问洪辰是否愿意继续加盟时,洪辰的回答出人意料:"如果档期允许,我希望电影版突破自己,挑战反派角色,越坏越好。"(《洪辰献出舞台剧 "第一次" 渴望变成坏女孩》,搜狐音乐2013年8月2日)

(7)有一个说法叫 "越好越 '坏',越坏越 '好'",是说当今世界出现的一个现象,大意就是越好的政府日子越难过,越坏的政府日子越好过。(《有一个说法叫 "越好越 '坏',越坏越 '好'"》,《都市快报》2010年5月5日)

例(5)中 "越坏越好" 的意思为 "坏话说得越坏,结果越好","好" 和 "坏" 的主语不同。例(6)中的意思是 "角色越坏说话人觉得越满意"。例(7)中 "越好越坏、越坏越好" 即对应句中的 "越好的政府日子越难过,越坏的政府日子越好过"。

六、比字句

"好""坏"在带有"比"字的比较句中的基本结构式是"A 比 B 好 / 坏",二者是对称的,例如:

(1)那天,我去亚运村拜见一个"朋友",他过去也是一位群众演员,但他的运气比我好,只跑了一年多的龙套,就让一位导演看上了,如今在影视圈也算是个有些名气的演员了。(《中国北漂艺人生存实录》)

(2)荣毅仁则想:共产党来了,总不至于比国民党坏吧!(薛建华《荣老板与中共领袖的握手》)

"好""坏"之前还可以添加程度副词,之后可以添加数量补语,组配形式多样,形成"A 比 B +程度副词+好 / 坏"或"A 比 B 好+补语"格式,例如:

(3)一开始我的梦想并不是要比他更好,只要能和他一样优秀并能够成为他的队友就已经很满足。(姚明《我的世界我的梦》)

(4)不过,我被捕是在魏玛共和国时代,你的对手却是纳粹那些家伙,你的遭遇准比我更坏吧!"(《读书》)

(5)他说:"仿古建筑是比水泥楼好多了,但与原来的老建筑相比它只是赝品,我们应该保存好老建筑,保持它原来的真实性。"(新华社 2004 年新闻稿)

(6)你还没问我最看不起的是谁,我跟你讲,那时候我就看不起江古碑,这个人是个坏人,比李文彬坏多了,是小爬虫。(《历史的天空》)

"A 比 B +程度副词+好 / 坏"中的程度副词主要有"更"和"还",一般不能添加"很、非常、真、有点儿"等程度副词。

还有一种比字句格式为:主语+"一+量词+比+一+量词+好 / 坏",这里的"好""坏"是对称的,例如:

(7)李嘉诚说,邓小平倡导推动中国的改革开放,不仅使内地13亿人民从中受益,生活水平一天比一天好,香港也从中受益良多。(新华社 2004 年新闻稿)

(8)她说,永继自从到了乡下,心情一天比一天坏,不肯好好地干活,还想喝杯酒。(戴厚英《流泪的淮河》)

（9）从这三个卷子来说，当然一次比一次好，但仅就第一次的卷子来说也当然是传世之作了，人们可以从这三个卷子里，具体地认识到屺老对艺术无止的追求。（《人民日报》）

七、A 好 / 坏于 / 过 B

两个比较项之间还可以用"好""坏"和"于""过"连接起来表示对比，例如：

（1）香港市民普遍认为，今年市面气氛明显好于往年。（新华社 2004 年 1 月份新闻报道）

（2）经济形势坏于预期（新闻标题）（《海南日报》2011 年 7 月 31 日）

在语料中可以查知存在"A 好过 B"用法，而"A 坏过 B"的用法缺失，二者不对称。例如：

（3）其他出境游组团社开辟的德国、韩国、马耳他、埃及等线路报名人数均好过去年。（新华社 2004 年 1 月份新闻报道）

八、好 / 坏 + 点儿

句末的"点儿"作为量词，表示的是"少量"的基本意义。《现代汉语八百词》（吕叔湘 1991）把句末的量词"点"解释为"表示程度、数量略微增加或减少，数词限于'一'，可省略"。"好 / 坏 + 点儿"的扩展认知模式有"好 / 坏 + 了 +（一）点儿"或"好 / 坏 +（了）+（一）点儿"，二者均含有对比的意味，前者的语义功能是表示"偏离标准的程度"（卢华岩 2007），用于第二、三人称，后者是表示"对比程度的差异"，用于第一、二、三人称。例如：

（1）"谁不想把生活调剂得好点儿，可手头的票子就那么几张，每次出来买菜，看看那价钱，我就眼晕，但说归说，有时还得豁出去，总不能老吃大白菜呀。"（《1994 年报刊精选》）

（2）"张老师，您见着宋宝琦了吗？跟这本书里的小流氓比，他好点儿还是坏

点儿呢?"(刘心武《班主任》)

第五节 "好"和"坏"在特殊构式中的对称性

Goldberg（2007）对"构式"所下的定义是："C 是一个构式，当且仅当 C 是一个形式和意义的匹配体 <Fi, Si>，而其形式 Fi 也好，意义 Si 也好，所具有的某些特征不能全然从 C 的组成成分或先前已有的其他构式所推知。""构式"，即"形式和意义的匹配体"，可以小至语素，大至句子，至于词、短语、介乎词与短语之间的短语词(如固定词组、熟语)、小句等，理所当然也包括在内。可以发现，由"好""坏"各自分别形成了一些特殊的结构式，这种情形下对称的另一方是缺失的。

一、"好（坏）是好（坏），……"构式

"好"在主宾语位置同时出现，由系动词"是"连接，构成"好是好"小句，在语料中大量存在，CCL 语料库中可见 98 例，多用于小句谓语位置或是句首，例如：

（1）为了取经，他两年间访了九个省市，钱没少花，路没少跑，晒得像个黑泥鳅，结果因本地的自然条件与地理位置跟沿海发达地区差异很大，那里的优惠政策所创造的宽松环境，内陆地区也没有，因而只好望"海"兴叹："好是好，学不了。"（《1994 年报刊精选》）

（2）过去，树立的先进典型大多是先进个人，人们觉得他们好是好，但又往往为一花独放，难成气候而遗憾；而现在树立的则不仅有先进个人的典型，还有不少是整个行业特别是"窗口"行业的先进典型。（《人民日报》）

（3）人在表示自信、有把握或有优越感时，往往体现在挺起胸部，手臂伸高交叉在脑后，倘若你的谈话伙伴采取这种姿势，那就意味着他要向你显示，一切都掌握在他手中，也就是说："你讲的我早就知道了"，"你讲的好是好，但不合我的口味"。（《读者》）

"好"的重复出现起到了强调作用，在对话中首先是表示对对方的一种肯定，先是认同对方的观点，然后再引出自己需要表达的真正意思，这符合话语交际礼貌原则中的一致原则，"一致原则要求说话人尽量减少与别人的观点、感情上的分歧，尽量增加与别人的观点、感情上的一致点"（何自然 2009）。整个句子是先肯定后否定，隐含着转折，转折复句"好是好"与后续小句间可以补出转折词语"但是"，前后小句隐含着转折关系，比如例（1）可以说成：

（1'）"好是好，但是学不了"。

有时后句会直接出现类似"但是、但、可是、可"这类转折标志词语，例如：

（4）也许有人会说，高树槐好是好，但是他的"老黄牛"精神太"传统"了，缺少现代意识。（《1994 年报刊精选》）

（5）储户章羽洁告诉记者："集资好是好，可要碰着经营不善的企业，没准竹篮打水一场空；玩股票咱又折腾不起。攒的钱搁家里一不升值二不保险，还数存银行妥当。"（《人民日报》）

对称的"坏是坏，……"格式也存在，句法功能与"好是好"是一致的，也起承上启下的作用，语义上是相对的，但是使用不如"好是好，……"普遍，例如：

（6）江合说："孙俊英坏是坏，可不会反革命；再说，她不敢！"（冯德英《迎春花》）

（7）这个老头子很坏，坏是坏，但是坏得赤裸裸，坏得毫不掩饰。（《孔庆东看金庸小说中的侠义》）

有时还可见"好也好，坏也好"的用法，例如：

（8）如果电影也能像现在这样开个会，不管好也好，坏也好，都来谈谈就好了。（《读书》）

上例中的"也好"相当于"也罢"的意思，"也好"的语气较轻，与上文的"不管"与下文的"都"相呼应，"好也好，坏也好"等于"好也罢，坏也罢"（吕叔湘 1984）。

二、"好+不+形"构式

"好+不+形"这一由"好"组成特殊格式中的"好"为程度副词，形容词限于部分双音节形容词，整个格式表示肯定的意思，例如：

（1）我给他解释了半天，好不容易才让他明白，舞美就是舞台美术设计师，而不是他所理解的跳舞跳得很美丽的人。（《中国北漂艺人生存实录》）

（2）"热带鱼养得好不容易，我花了大工夫。"微微秃顶的罗先生说，"我们有个圈子，经常切磋、交流。"（新华社2004年1月份新闻报道）

"好不容易"多充当状语或补语。武振玉（2004）指出"好不"最初是由程度副词"好"后面修饰否定词"不"形成的词组，其中的"不"含有真实的否定义，明代开始出现了"好不"连用表示程度。此时的"好不"已经词汇化为一个词，跟"多么"语义相同。这样的"好不"都可以换为程度副词"好"，但"好不/好+形"有时表示肯定，有时表示否定含义，例如：

（3）罗湖口岸今天刚开闸，香港赴内地探亲、经商和内地赴港旅游的人形成双向对流之势，好不热闹。（新华社2004年1月份新闻报道）

（4）如今只要委托"猎头""挖人"，精兵强将任由挑选，即便同行对手中的王牌也可以"挖"过来，好不潇洒！（《1994年报刊精选》）

"好+不+形"具有加强语气的语用功能。石毓智（2001）指出否定式"好不容易、好不漂亮、好不热闹、好不伤心、好不难受"与肯定式"好容易、好漂亮、好热闹、好伤心、好难受"的意思是一样的，程度副词"好"用在形容词、动词前表示程度深时多带有感叹语气，使得整个结构产生了词义的偏移，形成了肯定式与否定式同义的情形。

三、"好个……"构式

形容词"好"加"个"组成的"好个……"结构在汉语中使用十分普遍，成为汉语中一个特殊的结构形式。王晓凌（2008）曾专文讨论过"好个……"这个结构，认为"好个……"结构在唐五代时就已经产生，主要有"好个NP"和"好个VP"

两种形式,"个"是量词而不是助词,"好个……"结构的基本意义是表评价。王世群(2012)认为王晓凌所说的"好个X"由"这个X好"演变而来的观点值得商榷,他认为"好个X"格式源于名谓句格式"(S)好个X",格式中的"好"不再是一个性质形容词,而是演变成为一个专用的感叹标记,"个"由结构助词变为量词,"X"扩展为可以是引语和专名,"好个X"句式可以扩展为"好一个X"句式。雷冬平(2012)认为"好+(X)个NP"是一个"对NP所具有的性质进行甚度感叹评判"的构式,包含"好+个NP""好+一个NP"和"好+你个NP"三个子构式,赞成"好"仍是形容词。

根据语料观察,"好个……"结构中的空位可以出现名词、形容词或动词词组成分。"好个"后的名词除了普通名词和名词短语外,还可以是人名或地名。例如:

(1)陈坚放声地大笑起来,说道:"你是老实人?原来想叫我犯错误!你不能拒绝任务、违抗命令,我就能拒绝任务、违抗命令吗?好个老实人!"(吴强《红日》)

(2)好个大胆的方案啊!虽然很诱人,不过,其实并不是您个人的意思,而是自治领主的意思吧!(翻译作品《银河英雄传说》)

(3)好个幺富江,还是那个样,认准的事,非干成不可。(《1994年报刊精选》)

(4)所以我们以诗文书画为话题,屈膝相谈,好个畅快!(《1994年报刊精选》)

关于这类结构中的"好"的性质,邢福义(1979)等认为其主要是一个赞叹词。邢福义(1979)早就注意到这种结构,指出这种含有"好"的定名结构既有归总作用,又有明显的咏叹意味,并认为其中的"好"是赞叹之词,对不值得赞叹的事物就不能加"好"。

"好个……"还有与其相关的扩展格式"好一个……"和"好你个……",多用于赞叹,有时也用于否定,用于否定时带有反语的意味。例如:

(5)但见古柏参天、松竹掩映,阶前栽满迎春花、丁香花;耳畔间或传来木鱼声、诵经声、树间小鸟的鸣叫声,好一个"世外桃园"。(《1994年报刊精选》)

(6)好一个邬友三,在他来"中意集团"工作的短短5年里,给企业带来的直接效益就有好几百万元。(《1994年报刊精选》)

(7)卢婷不甘心地继续翻着,在放磁带的地方翻出一张纸条,展开一看,不禁

乐了：好你个蒋处长，我总算摸到你的一点秘密了。（电视电影《冬至》）

（8）小得说："好你个小冯，还说呢，你这一当兵，家里什么活都落到我身上，我不骂你骂谁？"（刘震云《故乡天下黄花》）

从以上例句中可以看出"好一个"之后可以添加指人名词或地点名词，语义色彩倾向于积极正面，表达对对象的赞叹之情，"好你个"之后则主要是指人名词，语义色彩倾向于消极负面，表达对对象的一种埋怨之情。而"坏个……"结构还并不独立，并不能如"好个……"结构一样称为一个构式，只能在特殊语境中出现，例如：

（9）一定是今天早晨唐家车夫来取信，她起了什么疑心，可是她犯不着发那么大的脾气呀？真叫人莫名其妙！好！好！运气坏就坏个彻底，坏个痛快。（钱钟书《围城》）

（10）它们都属于"找个机会坏个痛快"了，而且具有在官僚体制下"坏个痛快"的标本意义。（《足协官僚是"坏个痛快"的标本》，《北京晚报》2011年4月9日）

上例中的"坏个……"中的"坏"是对之前谓语成分"坏"的重复，表示强调程度和突出焦点，其结构和意义与上述的"好个……"都是不对称的。

除了"好个……"构式，"好"后面还可以出现量词"些"，构成"好（一）些……"格式，有时"个""些"也会同时出现，例如：

（11）原来，好些宝石里挟裹着它形成时来自岩浆的固体、液体或气体，称为"包裹体"。（《中国儿童百科全书》）

（12）因为当我一经从这可恶的愁城中抽身出来，打入人丛中间，便要好一些时候。（翻译作品《欧洲200年名人情书》）

（13）进门一条气势宏伟的甬道把整个住宅划分成好些个独立的世界，而每个世界都是中国古典建筑学中叹为观止的一流构建。（余秋雨《抱愧山西》）

上例中的"好些""好一些""好些个"都是表示"许多"的意思。

第六节 "好"和"坏"重叠式的对称性

单音形容词"好""坏"在句子中也常重叠使用,重叠后第二个音节的声调变为阴平,重叠式有表示加重、强调和爱抚、亲热两种感情色彩。"形容词重叠式跟原式的词汇意义是一样的,区别在于原式单纯表示属性,重叠式同时还表示说话的人对于这种属性的主观估价,包含着说话的人的感情在内。"(朱德熙1956)"好""坏"的重叠式是不完全对称的。

一、双音重叠式"好好""坏坏"

叠用的"好好""坏坏"表示程度加深,王贤钏、张积家(2009)研究表明"形容词重叠使认知语义量增加"。朱景松(2003)认为"好好的"并不能从程度上加以限制,所以更确切地说其量的意义"应该是肯定量的充分性,表明某种性质的量达到了适当的、足够的程度"。这里所讨论的"好好"中的"好"是并列的,句法中还有一种"好好"是偏正式,前一个"好"是副词表程度,后一个"好"是被修饰项,意思相当于"很好",例如:

(1)当消费者或者你的目标对象有兴趣的时候你再做介绍,见机行事,效果可能比较好,你别骚扰人家,我在这儿吃饭呢,你过来跟我讲喝瓶啤酒吧,我这啤酒好好啊,你喝一瓶吧,你不喝不好啊。(《金正昆谈礼仪之介绍礼仪》)

朱景松(2003)统计230个形容词的重叠频率,"好"的重叠频率居于第二位,其重叠能力是比较强的,"词义褒贬对重叠也有一定的制约作用。大致说来,褒义词可以重叠,或重叠能力较强;贬义词重叠能力较弱,或者不能重叠"。朱德熙(1956)指出,有些所谓坏字眼如"坏、臭、脏"有时也能重叠,但多半是在状语或补语两种位置上,但是本书认为"坏"的重叠能力较"好"明显偏弱。

重叠式"好好""坏坏"主要的句法功能有作状语修饰谓语动词，表示强调，谓语动词以自主动词居多，有时出现状语标志"地"，朱德熙（1982）认为"好好儿是基式是单音节形容词的重叠式副词，这类格式只能做状语，是典型的副词。可是加上'的'以后，就变成了状态形容词，既能做状语，也能做定语、谓语和补语"。例如：

（2）喝着咖啡，吴琼开玩笑说，"一杯咖啡就想把我打发了呀，也太小气了吧。我让你出了那么大的名，你得好好感谢我才是呀！"（《中国北漂艺人生存实录》）

（3）"你们可都是贵客，平时请也请不来，这回我可要好好地请你们吃一顿饭哟。"（《中国北漂艺人生存实录》）

（4）他牢记毛主席的教导："凡事应该用脑筋好好想一想。"（共青团中央宣传部《沿着劳动青年革命化知识化的道路前进》）

（5）她摸着我的膝盖，坏坏地笑着，"你们俩在一起，可是我没想到的。"（卫慧《上海宝贝》）

（6）陆建设却生得委琐矮小，脸色苍白，一双三角眼坏坏地乱转。（池莉《你以为你是谁》）

例（2）（4）中"好好"加强句子的祈使语气，例（3）中的"好好"表示加强承诺的语气，例（5）（6）中的"坏坏"表示描述动作状态，这些状语位置上的完全重叠式带有加重、强调的意味。"好好""坏坏"虽然句法功能一致，但是并不能对称替换，"好好"与动词的适配面更广，"坏坏"多与动词"笑"等相结合。

"好好"有时还用在话语开头，表示对对方的一种不耐烦的应答，例如：

（7）"我要改了，我就不忠实于我的职责了。"霍明依然很平静。白瑞德知道谈不出个结果，就气呼呼地说："好好，我不跟你谈，我要找你们的黄将军！"（尹家民《黄镇将军与郭子祺事件》）

这一重叠的 AA 式形容词可以儿化，如可以说"好好儿"，还可以添加助词"的"形成"好好的、坏坏的"表达式，在定语、补语和谓语位置居多，表示状态，带有明显的描述性。这些位置上的"好好""坏坏"语义也不对称。

（8）在衣柜里常常躲藏着一种叫蠹鱼的小虫，专爱吃羊毛衣物，好好的毛料衣服常常被咬成许多小洞。可是这些小虫最怕樟脑蒸气，所以人们习惯用樟脑丸来驱赶蠹鱼。（《中国儿童百科全书》）

（9）他看不到你的脸，他也许认为你真的生了气，其实你的脸上满是坏坏的笑容。（莫言《红树林》）

（10）他向第一队望去，那些愣头青倒是站得好好的，可是——该死，那个新兵队长，这会子却傻愣愣地看着那个渐行渐近的将军，像个呆头鹅似地张着嘴，活像等着人塞给他一个早餐吃的硬面包似的。（李黎《大典》）

（11）金明掀开盖在陆宏身上的白被单，见全身都好好的，没有伤口，没有出血。（叶永烈《"杀人伞"案件》）

（12）只有这个时候，丁文庭才走到她的身边，强装笑颜，反复地说着一句话："我好好的，哭什么。"（卢曙火《不愉快的蜜月》）

例（8）（9）中重叠式作定语，例（10）中的"好好的"作动词补语，例（11）（12）中的"好好的"是作谓语，重叠式作定语或谓语时，不但没有加重、强调的意味，反而表示一种轻微的程度。

二、AABB 式重叠 "好好坏坏"

邢福义（1993）指出，"形容词的 AABB 反义叠结形式用来形容'性状兼容，有 A 有 B，AB 对立'的事物，所形容的事物具有可感性，大都是可视性很强的占据一定空间的事物。形式的构成，是具有反对意义的两个单音节形容词的叠结"。重叠的双音"好"和"坏"并列对举构成 AABB 格式的反义叠结词语"好好坏坏"，蕴涵周遍意义，可以充当定语、状语、谓语等句法成分，其中"好"和"坏"是对立的，"好好坏坏"既可以表示事物的本体性状特征，也可以表示非本体形状特征，例如：

（1）大人们谁也没把她们之间的吵吵闹闹好好坏坏的关系当成一回什么事儿。（王素萍《她还没叫江青的时候》）

（2）日子周而复始，好好坏坏的爱情也让人感到疲惫了。（张欣《岁月无敌》）

（3）自从把刘桂英接到陶家堡，好好坏坏都是他吴松桥的人了。（蔡康《花烛泪诉人间情》）

（4）他们都当过多情的丈夫，都疼自己的孩子；我不明白为什么好好坏坏，他们就没走上一条路。（翻译作品《呼啸山庄》）

例（1）中"好好坏坏"的意思是描述两人关系"时好时坏、有好有坏"的状态，例（2）中的"好好坏坏"也是形容"爱情"有时好有时坏，例（3）中的"好好坏坏"充当状语，意思是"不管怎样，无论什么情况下"，例（4）中的"好好坏坏"充当述语。形容词"好""坏"的反义叠结形式"好好坏坏"在整体功能上具有形容词的性质，已逐渐凝固为接近于词的语法单位。

三、"好 A 好 B"重叠式

"好"还存在"好 A 好 B"的重叠式，"坏"没有这一格式的词语。这一重叠格式的词语有"好离好散""好来好去""好声好气""好心好意""好言好语""好模好样"，A 与 B 为近义词或反义词，归属于同一语义范畴，两者均为动词或者名词。当 A、B 为动词时，"好"充当状语，指动作结果好效果好；当 A、B 为名词时，"好"充当定语，意思为"美好、友善"。"好离好散"的意思是"友善地分手，友好地终止关系"，也说"好聚好散"，例如：

（1）司法部门应促使离婚夫妻好离好散，在孩子的抚养权方面要以孩子利益为重。（《人民日报》）

（2）他说："去咖啡厅坐十分钟，我请你喝杯咖啡，最起码，大家好聚好散。在你走以前，我有几句话想对你说！"（琼瑶《雁儿在林梢》）

"好来好去"的意思等同于"善始善终"，例如：

（3）第三十次，他能不能离婚娶我，就太有种摇尾乞怜的感觉了，倒不如好来好去，静悄悄地来，静悄悄地走。（梁凤仪《弄雪》）

"好声好气"是用来形容人"语调柔和，态度温和"，例如：

（4）门前的这一幕，荣鸿仁全看见了，于是走了出来，刚要问他们找他有什么事，脸上已重重地挨了一巴掌，但他仍好声好气地问："同志，你们……"（王慧萍《"红色小开"荣鸿仁落难记（上）》）

"好心好意"是指"本意良好但往往由于能力不足或方法不当而产生不受欢迎的结果"，强调"怀着善意"，例如：

（5）同时，刘一川的心里还有鬼，认为官司不判就说明原告的理由不能成立，自己好心好意倒要担个诬告的名义！（陆文夫《小巷人物志》）

"好言好语"指"善意的，使人容易接受的话。也指与人为善的话"，例如：

（6）这次我没有发火，好言好语告诉他，凤霞就是为了他上学才送给别人的，他只有好好念书才对得起姐姐。（余华《活着》）

"好模好样"是指人"模样端正"或行为"规规矩矩"，元明清时期使用较为频繁，例如：

（7）"看那厮也好模好样的，可怎生这等歹心。"（元·张国宾《合汗衫》第四折）
（8）"好模好样成亲事，留你残生过几春。若道三声言不字，眼前叫你见分明。"（《天雨花》第五回）

以上这些四字格词语大多已被成语词典收录，成为固定用法，不存在与之对称的由"坏"构成的表达。

四、方言中"好"和"坏"的重叠式

汉语方言中"好"的形容词用法主要有：第一，指人的形貌美丽，例如：

（1）中原官话：山西运城 $[xao^{453}]$：好人儿 | 人样儿好
（2）闽语：海南文昌：乜父乜母生此好，看看割断我腹肠。（黄有琚《文昌民歌拾零》）

第二，表示"强"的意思，主要存在于胶辽官话、江淮官话以及西南官话中，比如：

（3）山东青岛：这个比那个好 [ᶜxɔ] 些。

第三，表示"狠"的意思，主要是出现在冀鲁官话中，例如：

（4）山东寿光：俺仨在那里好 [xɔ⁵⁵] 玩。

"坏"在方言中的形容词用法主要是在吴语中可以形容人"狡猾"。

在汉语方言中同样也存在着一些特殊的"好""坏"的重叠式，主要有这样一些词语 [1]："好好儿""好好叫""好好仔""好好里""好好吼""好好交"等。

"好好儿"在兰银官话里可以用作动词，用在否定副词"不"的前面，表示不适应；还可以表示"经常"，例如：

（5）新疆乌鲁木齐：不要看他在新疆蹲咧二十年，还好好儿 [xɔ⁵¹⁻¹³ xɔrº] 不吃羊肉。

他，我们房子好好儿 [xɔ⁵¹⁻¹³ xɔrº] 不来。

后一例中"好好儿"用在否定副词"不"的前面，表示不经常。

"好好叫"在吴语里是"好好的"意思，还可以是副词，表示"好好地，更加"的意思，在闽语里还可以表示"连声应诺"的动作，例如：

（6）上海：侬脱我好好叫 [ho³⁴⁻³³cʰ³⁴⁻⁵⁵tɕiɔ³⁴⁻²¹]，勿要乱动。

（7）江苏苏州：我要好好叫 [hæ⁵²⁻⁴¹hæ⁵²⁻³⁴tɕiæ²¹] 办几桩事件。

（8）广东汕头：我请伊来相辅，伊好好叫 [ho⁵³ho⁵³kio²¹³]。（我请他来帮忙，他连声应诺。）

"好好仔" [ho⁵³ho⁵³a⁵³] 在闽语里表示"好好儿地"意思。

"好好交"在吴语里除了表示"好好的"，还可以表示"着实；大大地"副词义，例如：

（9）江苏苏州：倍笃去想哩，好好交格人家，佮人肯讨格倌人转去，做大老母。（《九尾龟》）

---

[1] 主要参考来源为：李荣. 现代汉语方言大词典 [M]. 南京：江苏教育出版社，2002.

（10）上海：吴国庆《冷言如刀伤人心》："像你这种病也能断根的话，中国的人口还要好好交多哩。"｜《说新书》一："假使人人都有这种精神，我们社会风气好好交要好来！"

"好好里"在吴语中表示"很好、非常好"的意思，还可以表示"好好儿地"的副词意义，例如：

（11）江苏苏州：好好里格事体，拨伊弄坏脱哉。｜耐想倪好好里格人家人，吃到仔格碗断命饭，阿要作孽。《九尾龟》

（12）江苏苏州：有些闲话末，好好里替刘大少说。｜耐有啥格闲话末，好好里搭俚说末哉。

闽语中的重叠式"好好吼"形容人"唯唯诺诺；一味顺从别人的意见"。

汉语方言中与"坏"相关的重叠情况有"坏坏""坏水水""坏仔仔"等。"坏坏"在北京官话里读作 [xuai^{51}xuai^0]，这一重叠式是动词，表示对（小孩）死（讳称）或是糟蹋的意思。中原官话中的"坏"的"A 了 A"重叠式词语"坏了坏"就是"坏了"的意思，例如：

（13）河南洛阳：好好儿的一支笔，叫你给弄坏了坏 [xuai^{312}la^{0}xuai^{312}]。

官话里的"坏水水"也是"坏主意"的意思，例如：

（14）俺成钢就是成钢！坏水水全在你身上！（《爱情小说集》）

晋语中将"坏蛋"也可以称作"坏仔仔"的 ABB 重叠式，例如：

（15）陕西：你这个坏仔仔！（秧歌剧《惯匪周子山》）

在中原官话里如河南洛阳方言中还有"坏坏儿坏了"的说法，意思是说"完全坏了，没办法了"，"坏坏儿"修饰动词"坏"，强调坏的程度。

因此在汉语方言中的"好"和"坏"的重叠式也是不对称的，这是因为方言中的用法很多是当地人们约定俗成的固定说法，"好""坏"重叠式固化的发展进程是不平衡的。

第七节 "好"和"坏"语体选择的对称性

本节主要拟探讨"好""坏"在不同语体中使用的对称性情形，本节的统计分析基于笔者自建的语料库，分别为53万字的由中央电视台经济频道《对话》栏目转写而成的对话语体语料，150万字的科技语体语料，100万字的小说语体语料，100万字的新闻语体语料。

根据数据统计，可得知"好""坏"在不同语体中的出现情况如下：

语体类型	"好"	"坏"
对话语体	2185	48
科技语体	2093	300
小说语体	3283	225
新闻语体	1998	124

可以看出"好""坏"在不同语体中的使用频率是不对称的，"好"的使用数量明显要高于"坏"。在不同语体中，"好""坏"各自的侧重点又有所不同，在对话语体中，"好"担任话语标记的用例就有577例，例如：

（1）观众：我就是想对二位企业家又一句忠告，因为我刚才听那个袁总对这个囤积彩管的解释我非常不满意，你不要有霸气，好，你要能垄断，你要能操纵，不可能。你对市场，对消费者要有敬畏之心。（《对话·长虹的高层人事变动》）

（2）主持人：是一个 leader 啊。嗯，今天大家对你们期待的原因其实非常简单，就是我们今天要邀请两位和我们大家一块来关注大学生就业这样的一个话题，好，掌声欢迎两位就座。（《对话·大学毕业生为何没有得到企业青睐》）

运用于惯用招呼语"你好"中的"好"有58例，如：

（3）主持人：你好，李总。

（4）李东生：哎，伟鸿，你好。

（5）主持人：你好你好，啊 这是我们的第三次握手了。刚才一开始我就跟，嗯，各位交流说呃，有一位嘉宾，他在最近两年当中连续三次做客《对话》，都是因为同样的主题，您心中一定有这个答案对不对，这个主题是……（《对话·李东生谈远征心得》）

使用"不好"的说法有160处，例如：

（6）王健林：这个，对，俗话讲男怕选错行，女怕嫁错郎。我很后悔年轻时候，选了这么一个行业，虽然赚钱不少，就是心情不好，老受屈。（《对话·地产商：如何成为好孩子》

在口语中使用"不好"比"坏"要更婉转，符合会话原则中的委婉原则。以上特征都与对话语体的口语性强的性质特点有关。

科技语体中"好"主要作定语、谓语或补语成分，例如：

（7）第三，社交恐惧还往往与情绪状态直接有关。如果自己刚干了一件成功的事情，情绪比较好时，上述现象就不会出现。相反，如果事情做得不成功，情绪不好时，上述现象就会产生。这就需要对自己的能力和优势有一定的认识，并作好在某一方面自己不如别人的思想准备。（《对自我的重新评价》）

（8）自己在农村时一心抓学习，没有参加过其他的活动，上大学后发现自己很不适应大学里的环境，而且对学习也失去了兴趣，觉得即使学好了也不一定能找到一个好工作。（《环境适应与心理健康》）

在"坏"的相关使用中，动补式词语"破坏"一词的使用次数就达到154次。

新闻语体中出现的"好"也多出现在"友好""良好"等词语中，多用来形容两国关系，充当定语或补语，用来对事物定性，例如：

（9）中国共产党和中国政府以及他本人都十分重视发展同日本的友好合作关系，一直主张中日两国应当成为好朋友、好邻居、好伙伴。（《江泽民主席论中日关系》）

（10）各级党委一定要提高认识，统一思想，把这次学习教育活动作为事关改革、发展、稳定全局的一件大事抓紧抓好。（《提高认识　统一思想》）

（11）增强农村基层党组织的凝聚力和战斗力，为做好农业和农村工作提供坚强有力的思想和组织保证。（《增强农村党组织的创造力凝聚力战斗力》）

新闻语体中大多出现的是由"坏"构成的词语如"破坏""毁坏""损坏""坏人"等,"破坏"一词的使用也达到了 74 次,由"坏"组成的词语使用频率高于"坏"单用。另外,根据台湾"中央研究院"汉语平衡语料库(简称 Sinica Corpus)的统计,"好"在各类主题的语料中的用例如下:

艺术	哲学	文学	社会	生活	科学
164	603	1651	10060	1300	298

"坏"的用例分布如下:

社会	艺术
1	1

由此可见,无标记项"好"的语体分布范围是大于有标记项"坏"的。

第五章　"好"和"坏"对称性的历时考察

此前本书就"好""坏"在共时层面上构词、充当各类句法成分及各种组合搭配的对称性情形作了全面深入的描写和分析，本章则主要从历时层面出发来考察"好""坏"在不同时期的发展演变情形，尝试从历时角度阐释"好""坏"不对称现象的形成过程。

第一节　"好"和"坏"的出现

"好"的出现时间早于"坏"，甲骨文中就已有"好"一字，甲骨文"好"字的写法为㚸，邓先军、周孟战（2006）指出："甲骨文中的'好'字，在卜辞中均与'帚（妇）'字连文。"卜辞中有数百条有关妇好的记载，例如：

（1）"丁酉卜，宾贞：妇好娩嘉？"（《甲骨文合集》）
（2）"辛巳卜，争贞：今者王共人呼妇好伐土方。"（《甲骨文合集》）

据《说文解字注》记载，"好"："媄也。各本作美也。今正。与上文媄为转注也。好本谓女子。引申为凡美之偁。凡物之好恶，引申为人情之好恶。本无二音。而俗强别其音。从女子。会意。呼晧切。古音在三部。""坏"："丘一成者也。一各本作再。今正。水经注曰。河水又东经成皋大伾山下。尔雅。山一成谓之伾。

许慎，吕忱等并以为丘一成也。孔安国以为再成曰伾。据此，是俗以孔传改易许书。今本非善长所见也。一曰瓦未烧。今俗谓土坏。古语也。瓦者，土器已烧之總名。然则坏者，凡土器未烧之總名也。此与墼字异义同。但墼专谓砖耳。国语。赵简子使尹铎堕晋阳垒培。尹铎增之。韦注。垒墼曰培。此培字正坏之叚借。月令。坏垣墙。坏城郭。注曰。坏，益也。是又叚坏为培也。从土。不声。芳桮切。古音在一部。"

张玉春（2001）考释认为："自《说文解字》始将'美也'作为'好'字的本义，这是根据'好'字后起义所作的误释。'好'字的本义是男女相对匹配为偶，作为名词时，义为配偶，作为动词时，义为匹配。"通过对北京大学中国语言学研究中心的古代汉语语料库搜索，可见最早的形容词"好"的用例为：

（3）鸣鹤在阴，其子和之。我有好爵，吾与尔靡之。（周《周易》）

上句的意思是"我这儿有好酒，我和你们同享受"，上例中的"好"充当"爵"的定语，"爵"是指古代酒器，这里指"酒"，形容词"好"的意义为"上等的、品质佳"。

可查找到的"坏"的最早用例为：

（4）戒之用休，董之用威，劝之以九歌俾勿坏。（春秋《尚书·大禹谟》）

上句的意思是"用休庆规劝人民，用威罚监督人民，用九歌勉励人民，人民就可以顺从而政事就不会败坏了"。

由上可知，"好"在商周时期就已出现，"坏"在春秋时期也已出现。"好""坏"出现时期都较早，而在进一步的语义发展演变过程中，二者呈现出不同的轨迹，"好"的意义和功能渐趋丰富，"坏"的意义和功能发展相对缓慢，这种分歧是如何出现的，接下来本书拟分不同历史时期对"好""坏"的意义和用法进行分析，探讨"好"和"坏"在历时上的对称性情形，从历时发展的不平衡现象来更好地解释二者共时层面上的不对称。

第二节　先秦时期"好"和"坏"的用法

这一时期"好""坏"的基本意义和用法已出现,本书主要选取先秦时期的著作《尚书》《春秋》《左传》《国语》《战国策》《论语》《诗经》《孟子》《荀子》《墨子》《老子》《庄子》《韩非子》等为语料来源。"好"最初是形容女子容貌出众,后进一步扩大范围从而也可以形容其他事物的美好。"好"也常与"美、嘉、善"等词语共现,例如:

(1)虽有骨肉之亲。无故富贵。面目美好者。实知其不能也。必不使。(《墨子·尚贤下》)

(2)子贡曰:譬之宫墙,赐之墙也及肩,窥见室家之好。夫子之墙数仞,不得其门而入,不见宗庙之美、百官之富。(《论语·子张》)

例(1)中"美"的本义是"漂亮、美好","好"的意思也是指"女子貌美"。例(2)中的"好"是指"美好的事物"。

《诗经》中"好"的使用开始十分频繁,用法逐渐丰富起来,例如:

(3)关关雎鸠,在河之洲。窈窕淑女,君子好逑。(《诗经·周南·关雎》)

(4)投我以木瓜,报之以琼琚。匪报也,永以为好也。(《诗经·卫风·木瓜》)

(5)匪饥匪渴,德音来括。虽无好友,式燕且喜。(《诗经·小雅》)

(6)谁能亨鱼?溉之釜鬵。谁将西归?怀之好音。《诗经·桧风·匪风》

例(3)的意思是"那品行善良的优雅女子,是君子的好伴侣",例(4)的意思是"你送我木瓜,我回送你美玉,这不是回报呀,是代表我们感情永远要好",例(5)中的"好友"就是"好朋友"的意思,例(6)中的"好音"指"好消息",这里的"好"都是形容词用法。雷冬平(2012)指出"形容词'好'与名词构成一个'好+NP'结构在先秦时期就有不少用例。'好'的语义是'优点多的;使人满意的',在这个意义上，其语义是宽泛的。这种形容词在具体的语境中，可以根据其后搭配的名词获得不同的词义，'好音'可以说是"悦耳的音乐"，'好逑'可以说是'中意的配偶'。这种'好+NP'虽然已带有一点主观性，但更多的还只是一种侧重于客观的陈述"。

《国语》中也可见"好"作形容词表"满意"的用法，例如：

（7）自是晋聘于鲁，加于诸侯一等，爵同，厚其好货。（《国语·臧文仲说僖公请免卫成公》）

例句的意思为"自此以后晋国遣使到鲁国聘问，规格要比其他诸侯高一等，送的礼物也比和鲁国同等爵位的要好"，"好货"指"令人满意的物品"。

除了形容貌美的女子和表示对象令人满意，先秦时期的"好"还可以形容"关系好"，表示"友好"的含义，例如：

（8）曰：邦君树塞门，管氏亦树塞门；邦君为两君之好，有反坫，管氏亦有反坫。管氏而知礼，孰不知礼？（《论语·八佾》）

（9）寡人帅不腆吴国之役，遵汶之上，不敢左右，唯好之故。（《国语·吴语》）

（10）于是乎弭其百苛，殄其谗慝，合其嘉好，结其亲昵，亿其上下，以申固其姓。（《国语·楚语下》）

（11）凡我同盟之人，既盟之后，言归于好。（《左传·僖公九年》）

（12）吴子使寿越如晋，辞不会于鸡泽之故，且请听诸侯之好。（《左传·襄公五年》）

以上例中《论语》《国语》《左传》等著作中的"好"都是表示"关系和睦""友好"的意思。又如：

（13）襄仲辞玉，曰：君不忘先君之好，照临鲁国，镇抚其社稷，重之以大器，寡君敢辞玉。（《左传·文公》）

上例中的"好"是"优点多"的意思。

先秦时期的"好"的主要语义为"美好""令人满意"和"关系和谐"的意思，可以用来形容人或事物，"好"多充当中心语或定语成分。这一时期使用较多的还有其动词用法"好"（hào），表示"喜爱"的意思，与"恶"（wù）相对。

117

这一时期的形容词"坏"主要都是用于修饰实物名词，用于描述其性质。例如：

（14）譬彼坏木，疾用无枝。心之忧矣，宁莫之知！（《诗经·小雅·小弁》）

上例中的"坏木"是指"有疾病的树木"。

除此之外，"坏"在这一时期主要还是动词用法，充当谓语成分，例如：

（15）大室屋坏。（《春秋·文公十三年》）

（16）二三臣其戒之！夫德，福之基也，无德而福隆，犹无基而厚墉也，其坏也无日矣。"（《国语·晋语六》）

（17）然则内之不知国之冶乱，外之不知诸侯强弱，如是则城郭毁坏，莫之筑补；甲弊兵彫，莫之修缮。（《管子·立政九败解第六十五》）

上例中的"坏"是本义"倒塌"（指建筑物遭到破坏）的意思，义同于"败""毁"。此时的"毁"与"坏"是同一意思，还属于并列组合式词语，而逐渐词汇化为一个双音复合词。又如：

（18）禽子再拜再拜曰："敢问古人有善攻者，穴土而入，缚柱施火，以坏吾城，城坏，或中人为之奈何？"（《墨子·备穴》）

（19）坏大门及寝门而入。公惧，入于室。又坏户。公觉，召桑田巫。（《左传·成公十年》）

（20）季子闻而耻之，曰："筑十仞之城，城者既十仞矣，则又坏之，此胥靡之所苦也。（《庄子·杂篇·则阳第二十五》）

（21）故王者天太祖，诸侯不敢坏，大夫士有常宗，所以别贵始；贵始得之本也。（《荀子·礼论》）

（22）曰：贵聘而贱逆之，君而卑之，立而废之，弃信而坏其主，在国必乱，在家必亡。（《春秋·文公四年》）

例（18）（19）（20）（21）中的"坏"是"毁坏""损害""破坏""扰乱"的意思。例（22）中的"坏"表示"背叛"的含义，都是表达贬义的负面评价。

"坏"还可以表示"衰亡"之意，例如：

（23）诸侯贰则晋国坏，晋国贰则子之家坏。（《左传·襄公二十四年》）

（24）王室之不坏。（《左传·襄公十四年》）

先秦时期的"好""坏"的意义和用法是不对称的，"好"的形容词和名词用法为主，表示"美丽、和谐、令人满意"等意思，而"坏"则是动词用法占主导，义同于"毁""破""败"等。

第三节　两汉时期"好"和"坏"的用法

这一时期本书主要选取《史记》《战国策》《汉书》等几部重要著作为语料来源，可以发现这一时期的"好"主要有以下几类用法。

"好"仍然可以表示"美丽、漂亮"，多用来形容女性貌美。例如：

（1）十一年，楚平王来求秦女为太子建妻。至国，女好而自娶之。（《史记·秦本纪第五》）

（2）因以文绣千匹，好女百人，遗义渠君。（《战国策》）

（3）臣闻秦丞相吕不韦见王无子，意欲有秦国，即求好女以为妻，阴知其有身而献之王，产始皇帝。（《汉书·王商传》）

"好"还可以表示事物"对人有利"或是"品质上等、令人满意"等，例如：

（4）其出西失行，外国败；其出东失行，中国败。其色大圜黄滜，可为好事；其圜大赤，兵盛不战。（《史记·天官书第五》）

（5）於是商贾中家以上大率破，民偷甘食好衣，不事畜藏之产业，而县官有盐铁缗钱之故，用益饶矣。（《史记·平准书》）

例（5）中的"甘食好衣"是指吃穿都是好的，形容生活奢华。

"好"除了充当名词性成分的定语，还充当谓语成分，其前出现了程度副词加以修饰，例如：

（6）秦始皇遣蒙恬攘却匈奴，得其河南造阳之北千里地甚好，於是为筑城郭，徙民充之，名曰新秦。（《汉书·食货志》）

这一时期的"坏"仍指"倒塌""毁坏"，作谓语成分，其后有时可带宾语，与"城、墙"等建筑类词语搭配居多，且常与"毁、破、崩、败"等近义词共现。例如：

（7）二十二年，王贲攻魏，引河沟灌大梁，大梁城坏，其王请降，尽取其地。（《史记·秦始皇本纪》）

（8）宋有富人，天雨墙坏。（《史记·老子韩非列传》）

（9）至四年夏，关东四十九郡同日地动，或山崩，坏城郭室屋，杀六千余人。（《汉书·眭两夏侯京翼李传》）

"坏"还可以指朝代的衰败和灭亡，这和古代中国动乱的社会环境有密切关系。例如：

（10）本国残，社稷坏，宗庙毁。（《战国策》）

（11）夫张仪、苏秦之时，周室大坏，诸侯不朝，力政争权，相禽以兵，并为十二国，未有雌雄，得士者。（《史记·滑稽列传·东方朔传》）

（12）汉世衰於元、成，坏於哀、平。哀、平之际，国多衅矣。《汉书·佞幸传第六十三》

这一时期的"好"和"坏"的用法依然是不对称的。

第四节　魏晋南北朝时期"好"和"坏"的用法

这一时期，本书主要考察《世说新语》《搜神记》《三国志》等著作中"好"和"坏"的使用情况。"好"用来修饰物品，形容其性质的上佳，"好"做形容词可以修饰的名词越来越多，例如：

（1）阮光禄在剡，曾有好车，借者无不皆给。（《世说新语》）

（2）王子猷尝行过吴中，见一士大夫家极有好竹，主已知子猷当往，乃洒埽施设，在听事坐相待。（《世说新语》）

（3）当得稻糠，黄色犬一头，好马二匹。（《搜神记》）

（4）言："但见好屋，吏卒，不觉在水中也。"（《搜神记》）

（5）杜恕著家戒称阁曰："张子台，视之似鄙朴人，然其心中不知天地闲何者为美，何者为好，敦然似如与阴阳合德者。"（《三国志·袁张凉国田王邴管传》）

（6）司马大喜，与周仓三十贯金珠、两疋好马。（《三国志》）

上例中"好"修饰的名词有"车、竹、马、屋、马"等，"好"修饰的名词范围逐渐扩大，"好 N"的能产性越来越强。

形容词"好"开始充当谓语，之前出现了"甚、殊"等程度副词。例如：

（7）白事甚好，待我食毕作教。（《世说新语》）

（8）家有一李树，结子殊好，母恒使守之。（《世说新语》）

这一时期的"坏"仍为"拆毁、破坏"的意思，其后开始带宾语。例如：

（9）杨德祖为魏公主簿，时作相国门，始构榱桷，魏武自出看，使人题门作"活"字，便去。杨见，即令坏之。（《世说新语》）

（10）祐恶其言，遂倔断墓后，以坏其势。（《世说新语》）

"坏"单独作谓语仍表示"房屋坍塌"，例如：

（11）屋忽然而坏，压死者三十余人，唯农夫妻获免。（《搜神记》）

（12）彦思惧屋坏，大小悉遣出，更取火视，梁如故。（《搜神记》）

"坏"还表示"战败"，例如：

（13）擂鼓大进，北军大坏，曹军退走。（《三国志·吴志》）

这一时期"好"开始广泛用于修饰单音节事物名词，充当定语，在作谓语时之前出现了程度副词，"坏"的意义变化不大，仍主要作动词，表示"毁坏、破坏""房屋坍塌"等义，二者的用法也是不对称的。

第五节　唐宋时期"好"和"坏"的用法

这一时期"好"多充当定语和谓语成分，表示"令人满意的、优点多、美丽"等正面评价意义，在使用上十分普遍。例如：

（1）映阶碧草自春色，隔叶黄鹂空好音。（杜甫《蜀相》）

（2）正是江南好风景，落花时节又逢君。（杜甫《江南逢李龟年》）

（3）张公多逸兴，共泛沔城隅。当时秋月好，不减武昌都。（李白《泛沔州城南郎官湖》）

（4）今日云景好，水绿秋山明。携壶酌流霞，搴菊泛寒荣。（李白《九日·今日云景好》）

（5）好天好景，未省展眉则个。（柳永《鹤冲天》）

（6）好梦狂随飞絮，闲愁浓，胜香醪。（柳永《西江月》）

（7）萧氏贤夫妇，茅家好弟兄。（柳永《巫山一段云（五之五·双调）》）

唐诗宋词里的"好"多与美景、天气、时光、梦境等事物联系在一起。在宋代的《册府元龟》中"好"出现了补语用法，例如：

（8）驾驭豪杰，恢廓灵府，不凝滞於居处，不耽悦於玩好。（《册府元龟》）

这一时期"坏"也多作谓语，语义仍是表示"毁坏"，其定语用法开始增多，表示"受到破坏的、无用的"的意思，例如：

（9）雨余沙塔坏，月满雪山空。（耿湋《题童子寺》）

（10）坏宅终须去，空门不易还。（李端《宿云际寺赠深上人》）

（11）官家有坏屋，居者愿离得。（王建《坏屋》）

"坏"还表示事情"令人不满意"，例如：

（12）已是断弦尤续，覆水难收，常向人前诵谈，空遗时传音耗。漫悔懊。此事何时坏了。（柳永《乐章集》）

同时这一时期"好""坏"的对称性开始凸显。例如：

（13）好坏谁共说。若是知人风味，来分取、半床月。（程垓《霜天晓角》）

上例中的"好""坏"对举共现，明显是一对反义词。李晋霞（2005）指出，唐宋时期，"好"的这么两种用法开始广泛存在：一是用在动词或者动词性成分之前充当状语，意思相当于"容易、可以"；一是用在形容词、动词之前作状语，意义相当于"很"。其中程度副词"好"是由性质形容词演变而来。同时在唐宋时期，"好"表示"以便、能够"的意义也开始显露，例如：

（14）白日放歌须纵酒，青春作伴好还乡。（杜甫《闻官军收河南河北》）

第六节　元明清时期"好"和"坏"的用法

元代开始，"好"的用法逐渐增多，出现的句法位置灵活多变。在《老乞大》中，"好"的用法渐渐丰富起来，除了充当定语，还开始充当状语或补语，例如：

（1）马的价钱这几日好。就这头等的马，卖得十五两以上。（《老乞大》）
（2）是今日杀的新鲜的好猪肉。（《老乞大》）
（3）是淡饭又没什么好菜。（《老乞大》）
（4）把生葱作料著上，盖好了锅，不要出气，烧动火一会儿熟了。（《老乞大》）
（5）你说哪里话，好人歹人怎么不认的。（《老乞大》）

《水浒全传》《三国演义》中的"好马、好酒、好汉"等词语使用频繁，"好"可以自由地修饰人或物，例如：

（6）阶砌下流水潺湲，墙院后好山环绕。（《水浒全传》）

（7）一伙强人，扎下一个山寨，在上面聚集着五七百个小喽啰，有百十四好马。（《水浒全传》）

（8）既然如此，便叫庄客拣两头肥水牛来杀了，庄内自有造下的好酒，先烧一陌顺溜纸，便叫庄客去请这当村里三四百史家庄户。（《水浒全传》）

（9）史进先杀了一两个人，结识了十数个好汉，直使天罡地煞一齐相会。（《水浒全传》）

（10）孔明唤到帐中，尽去其缚，抚谕曰："汝等皆是好百姓，不幸被孟获所拘，今受惊唬。"（《三国演义》）

"好"与"歹""不好"等词语也对称使用，例如：

（11）心腹张约进车前密告曰："今日宫中设宴，未知好歹，主公不可轻入。"（《三国演义》）

（12）你这马，好的不好的，大的小的，打配著，一共要多少银子。（《老乞大》）

在《三国演义》中还可见"好"表示"病愈"的用法，还可以表示关系好，例如：

（13）此时孔明病好多时，每日操练人马，习学八阵之法，尽皆精熟，欲取中原。（《三国演义》）

（14）蒙看毕，谓来使曰："蒙昔日与关将军结好，乃一己之私见；今日之事，乃上命差遣，不得自主。"（《三国演义》）

"好"的副词用法开始大量出现。"好"作状语，表示程度，主要用来修饰形容词，元明清时期是程度副词"好"出现的高峰期。据武振玉（2004）的考察，"程度副词'好'产生于晚唐时期，但是非常少见，宋代开始略为多见，但是较多的应用还是从元代开始，出现频率最高的时期是明代和清代的前中期，到了清代晚期则呈现出明显的下降趋势"。例如：

（15）咳，真个好标致，便猜着了。（《朴通事》）

（16）那珠儿多大小？圆眼来大的，好明净。（《朴通事》）

（17）那老儿直拖鲁达到僻静处，说道："恩人，你好大胆！"（《水浒全传》）

《朴通事》中，"好"还出现了单用的用法，前面也可以添加程度副词。例如：

（18）好，好，饭汤休着冷了，等一会儿吃。（《朴通事》）

（19）最好！最好！我只会根儿解酒和做醋，不知叶儿用处，因你要蒲叶，我也学了。（《朴通事》）

"好"修饰动词，表示效果好，例如：

（20）杏儿、樱桃诸般鲜果，浸在冰盘里，好生好看。（《朴通事》）

"好"开始作补语，"坏"也充当动词补语，动词类型多样，"坏"还充当谓语。例如：

（21）酒进数杯，食供两套，那端王起身净手，偶来书院里少歇，猛见书案上一对儿羊脂玉碾成的镇纸狮子，极是做得好，细巧玲珑。（《水浒全传》）

（22）你小心些，不要弄坏了他的。（《老乞大》）

（23）今年雨水十分大，水淹过卢沟桥狮子头，把水门都冲坏了。（《朴通事》）

（24）操乘马正行，忽田中惊起一鸠；那马眼生，窜入麦中，践坏了一大块麦田。（《三国演义》）

（25）今番你又如此大醉无礼，乱了清规，打坍了亭子，又打坏了金刚。（《水浒全传》）

（26）他数内有几个性如烈火的汉子，倘或一言半语冲撞了他，便坏了大事。（《水浒全传》）

《西游记》中"好"加人物称谓十分常见，这种用法还延续至今，例如：

（27）好八戒，抹抹脸，抖擞精神，双手拿钯到河沿，分开水路，依然又下至窝巢。（《西游记》）

（28）悟空道："说得是。好汉子，走来！"（《西游记》）

（29）"好大圣，好大圣！着实神通广大！孩儿战不过，又败阵而来也！"（《西游记》）

（30）行者道："好师父，把与我穿戴了罢。"（《西游记》）

《醒世恒言》中开始出现"好"叠用和"好不、好生"的用法，例如：

（31）张委道："你们对那老贼说，好好把园送我，便饶了他。若说半个不字，须教他仔细着！"（《醒世恒言》）

（32）继之道："就是会他，也得要好好的等一会儿；不然，他来了，我也到了，哪里有这等巧事。（《二十年目睹之怪现状》）

（33）听说还要等三年，好不焦燥，恨不得十日缩做一日，把三年一霎儿过了，等女儿再许个好人。（《醒世恒言》）

（34）书中嘱咐老婆："好生看待，不久我便回来。"（《醒世恒言》）

（35）便扯个谎道："你爹和妈寻你不见，好生痛苦，如今前面去了。（《醒世恒言》）

（36）十余只船，筛锣掌号，一齐开出湖去，一路流星炮仗，好不兴头。（《醒世恒言》）

关于"好""好生""好不"的词语搭配情况，武振玉（2004）指出："从所修饰词的语义色彩上看，单用的'好'对其后所修饰词语的语义色彩基本没有影响，但是双音形式的'好生'修饰含有消极色彩义的词语多于含有积极色彩义的词语，'好不'修饰含有积极色彩义的词语多于含有消极色彩义的词语"。因此单用的"好"，双音的"好生""好不"在表示程度上有各自的倾向性，分工不一，现代汉语中"好生"的用法已经基本衰亡，"好"和"好不"仍在使用中。"好"的词义演变发展伴随着其语法功能的扩展，同时与其后搭配的成分相关，当其后接名词，"好"为形容词，"好"后接动作动词如"看、听"等时为情状副词，当"好"后接形容词、心理动词时，"好"为程度副词。

"坏"除了充当谓语和补语，还在定语位置与"好"对称，例如：

（38）看官有所不知，大凡行奸卖俏，坏人终身名节，其过非小。（《醒世恒言》）

古代汉语中，"好"与"恶"对称情况较多。"坏"在古代汉语中主要充当动词，而在清末渐渐演化出形容词用法，直至现代汉语中才普及。"坏"在古代汉语中动词性用法相对于形容词用法来说要发达很多，现代汉语中"坏"的动词性用法逐渐衰退，保留的多为形容词用法。"坏"的动词用法由"破坏、毁坏、损坏"等双音节动词承担，这一趋势与汉语词语发展的双音化趋势相契合。据董秀芳（2011）研究，

"从以单音词为主过渡到以双音词为主,这是汉语内部的一个发展趋势",冯胜利（2010）认为,汉语中一个标准的音步是由两个音节构成的,韵律对汉语构词的制约表现为:复合词首先必须是一个韵律词,因而也就必须是两个音节,这就是在汉语中双音节词占词汇系统的主体地位的原因。"好"和"坏"在古代作品中的使用频次如下:

各朝代代表作品	"好"	"坏"
《史记》	281	45
《汉书》	1080	350
《战国策》	41	6
《世说新语》	76	8
《搜神记》	39	10
《三国志》	520	116
《册府元龟》	4230	600
《老乞大》	148	9
《朴通事》	135	2
《三国演义》	217	10
《水浒全传》	1202	124
《西游记》	1121	96
《醒世恒言》	809	100
《二十年目睹之怪现状》	906	56
《红楼梦》	1713	80
《老残游记》	327	35

在历时发展进程中,无标记项"好"的意义和用法渐趋丰富,从最初的用于对女子的代称到后来用于形容一切美好的事物,其语义演变经历了一个由具体到抽象的过程,而有标记项"坏"的用法一贯单一,主要是作谓语动词或补语,后来渐渐演变出修饰名词的形容词用法,出现了"坏人、坏事"等说法,仍不太普遍,可见现代汉语中的"坏"组配的不发达性是有其历史根源的。按照进化论（Theory of Evolution）的观点,"好"比"坏"进化得更快,功能变得更为发达。

第七节 "好"和"坏"相关结构的词汇化及语法化

已有的研究对于单用"好"及"好 X"结构的语法化问题关注得较多,李晋霞(2005)考察了"好"的两种语法化过程,一是"'好'由性质形容词变为程度副词'很'";二是"'好'由'容易'、'可以'义的助动词演变为'便于'、'以便'义的关联副词","好"的虚化伴随着其词义的主观化程度增高。方一新、曾丹(2007)对反义复合词"好歹"的语法化及主观化做过考察,指出:"'好歹'是由表反义关系的形容词'好'和'歹'通过经常连用而逐步凝固成词。根据功能的不同,'好歹'可分为名词和副词两类。名词'好歹'的形成主要有两条途径:一条是通过其中一个成分语义的失落,形成偏义复合词;另一条则是通过转喻,代指事件或情况的结果。其中后者的语法化程度高于前者。副词'好歹'既可表时间,也可表语气。从认知角度看,概念结构的隐喻是时间副词'好歹'产生的根本机制,而转喻则是语气副词'好歹'形成的内在动因。"刘丞(2012)认为:"'好在'经历了由述补、主谓跨层结构到评注性副词的过程。'好在'的演化过程中,主观化起到了至关重要的作用。由于自身功能和所占句位的关系,'好在'具有一定的连接功能,又由于所居句首状位的高频性,'好在'的连接功能得到一定的扩展。'好在'的成词与认知心理和'好'的评价域有一定的关系。"刘愿愿(2011)也曾对"好在"及其相关扩展格式做过句法、语义、语用及语法化的多角度讨论。刘华丽(2010)对近代汉语"X 好"结构的情态副词"刚好、正好、恰好、却好"的语法化作了简单的梳理,认为"'正好'形成时间较早,'恰好'其次,'却好'次之,'刚好'最晚"。学界对于助词"也好"的语法化研究有陈杰一、吴颖(2009),雷冬平(2009),潘国英、齐沪扬(2009),卢烈红(2012),认为"也好"是从跨层结构发展为双音节语音助词。总而言之,现有研究对于"好""坏"组构的相关词语的主观化形成及详细演变过程还有待继续考察,本节拟对这些问题进行讨论。吴福祥(2014)指出"语法化原则"主要涉及"单向性"(unidirectionality)和"渐变性"(gradualness)

两种原则。单向性是指语法化的演变是单向、不可逆的,语法化过程是以"词汇成分 > 语法成分"或"低语法化成分 > 高语法化成分"的特定方向进行;渐变性是指语法成分的语义衍生和功能演变总是逐步进行而非跳跃式的。

一、"好比"的历时检视

现代汉语中"好比"的意义为"表示跟以下所说的一样;如同",古代汉语中"好比"最先出现的语境为:

(1)容态好比,顺弥代些。(《楚辞·招魂》)

王逸注:"言美女众多,其貌齐同,姿态好美。"这里的"好"仍是形容女子貌美,而这一用法仅是个例,而再见到"好比"这一用法时已是清代文献《曾国藩家书》中,"好比"表示比较,意思相当于"如同",后接名词性成分、谓词性成分等,有时也会与"一样"共现,"好比"前后的成分语义相近,例如:

(2)索取钱粮于书吏手上,好比从虎狼口里讨食,再四请求,还是不肯吐,所以积累成大亏。(《曾国藩家书》)

(3)我想朱子说过:"做学问好比熬肉,先要用猛火煮,然后用慢火温。"我生平的工夫,全没用猛火煮过。虽然有些见识,是从悟境得到,偶尔用功也不过优游玩索罢了。好比没有煮熟的汤,马上用温火温,越温越不热。(《曾国藩家书》)

(4)解释的人说:"以旅与下是说看童仆好比路人,刻薄寡恩,漠然无情,那么童仆也把主人看作路人了。"(《曾国藩家书》)

(5)如直隶的三河县、灵寿县,无论贫与富,男与女,人入纺布为生,好比我们那儿靠耕田为生一样,江南的妇女耕田。(《曾国藩家书》)

(6)骨肉之情越真挚,盼望的心情就越殷切,责备的言词就越尖锐,过一天好比过一年,房子好比围墙,望信好比得到一万两银子,听到谣言好比风声鹤唳,草木皆兵,又加上堂在大人的悬念,更似严寒逼人,所以不能不发出怨言骂你们,感情达到极点了。(《曾国藩家书》)

例(2)(3)(6)中"好比"后出现的是谓词短语"从虎狼口里讨食""熬肉""过

一年""得到一万两银子",例(4)中"好比"后是名词"路人",例(5)后出现的是小句"我们那儿靠耕田为生",此时"好比"的用法已与现代汉语中的用法接近,"好"的意义虚化,"好比"更多的是侧重于"比如"的意义。

二、"正好"的词汇化与主观化

现代汉语中的"正好"既是一个相当于"正合适"的形容词,同时也可以是一个表示说话人主观期待的副词,"正好"的词义演化是词汇化和主观化的过程。"正好"的最早用例见于六朝时期贾思勰的专著《齐民要术》中:

(1)外舍无市之处,一亩用子一升,疏密正好。(贾思勰《齐民要术》)

这里的"正好"是指客观上的密度"合适","正好"充当谓语成分,此时的"正好"结合得并不十分紧密,更接近于短语。

到唐代时,"正好"的结合更加紧密,主观性增强,不再仅仅表示客观情况,也表示人们主观上的认可,句法位置逐渐前移主要充当谓语成分的状语,逐渐语法化为副词,例如:

(2)悔作商人妇,青春长别离。如今正好同欢乐,君去容华谁得知?(李白《江夏行》)

(3)风光当此际。正好恁携佳丽。(柳永《内家娇》)

(4)你既也去卖马,咱们正好一同去。(《老乞大》)

虽然仍可以见到若干"正好"作谓语成分的例子,但毕竟只是占少数,例如:

(5)坐未久风光正好,夜将深暑气潜消。(元·徐琰《蟾宫曲·青楼十咏一》)

(7)郭嘉曰:"主公正好卖个人情与刘备,退军去复兖州。"(《三国演义》)

(8)悟过湖来观音山上进香,事毕到当中来拜都管。都管见了道:"来得正好!"(《二刻拍案惊奇》)

"正好"也开始可以充当补语,例如:

(9)芬臣道:"大人来得正好。"(《二十年目睹之怪现状》)

现代汉语中的"正好"也主要是这一用法。"正好"不再仅仅是表示客观上的情况与实际需要相符（多指时间、空间、数量等），更多时候是表示主观上所期待发生的某种巧合（多指时间、情况、机会条件等）。

三、"好看"的语法化与主观化

"好看"的用例最早见于六朝：

（1）商主舍行，坐二弟子而语之言："好看驼皮，莫使湿烂。"（《百喻经》）

这里的"好看"是"好好看管、好生照看"的意思，属于状中结构。

唐宋时期，状中结构"好看"的用例有：

（2）师曰，这个牛须好看，恐吃稻去。（《筠州洞山悟本禅师语录》）

（3）又一旦泣告曰："无端泄阴事，获罪被追。此去难再还，好看儿女。"泣别遂绝。（《太平广记》）

（4）先生令看大意，曰：此段最好看。（《朱子语类》）

例（2）（3）中的"好看"仍还是字面语义，整体意义仍是"好"和"看"的意思的简单叠加。例（4）中的"好看"是"容易看"的意思。

后来"好看"后面的宾语逐渐脱落，"好看"渐渐紧凑，常单独充当谓语成分，共同表示"美观、看着舒服"的意思，前面常添加程度副词"更"等，这一系列句法环境的变化促进了"好看"的语法化，例如：

（5）真花既不能长艳，画在霜纨更好看。（梅尧臣《依韵和公仪龙招诸公观舞及画》之三）

（6）后来大家忍不住笑了，老太太才笑了，还说："扮作小子样儿，更好看了。"（《红楼梦》第三一回）

后来"好看"还进一步衍生出"光彩、体面"的意思，例如：

（7）"大郎可把索来绑缚我三个，出去请赏，免得负累了你不好看。"（《水浒传》第三回）

131

（8）"别存心替我省钱，要好看为上。"（《红楼梦》第十三回）

古代汉语中"好看"还表示抬举，厚待。例如：

（9）金海应声答曰："官家好看大王，负大王甚事，大王今日反？"（张齐贤《洛阳缙绅旧闻记·襄阳事》）

（10）文王又嘱太子武王曰："吾归冥后，你共文武和合，频赏三军；好看太公者，此人是大贤人也。"（《武王伐纣平话》卷下）

（11）"老弟，你想人家好看咱们，咱们有个自己不爱好看的吗？"（《儿女英雄传》第十五回）

"好看"逐渐从命令式话语转变为主观评价词语，并带有积极的褒义色彩。沈家煊（2001）指出："'主观性'（subjectivity）是指语言的这样一种特性，即在话语中多多少少总是含有说话人'自我'的表现成分。也就是说，说话人在说出一段话的同时表明自己对这段话的立场、态度和感情，从而在话语中留下自我的印记（参看Lyons 1977:739）。'主观化'（subjectivisation）则是指语言为表现这种主观性而采用相应的结构形式或经历相应的演变过程。""好看"的历时演变伴随着主观化的进程。

四、"幸好"的历时检视

现代汉语副词"幸好"也就是"幸亏"的意思，是指由于某种有利条件而侥幸避免不良后果。一般用在主语前，在句中常与"不然、否则、要不"等配套出现。"幸好"是仿造"幸亏""正好"等生成的词语，所以产生较晚，语义也较为单一。例如：

（1）"幸好留侬伴侬睡，不留侬住意如何？"（隋《与宫女罗罗诗》）

（2）幸好一盘饭，莫待糁椒姜。（南宋《五灯会元》）

（3）内人不明白这个道理，时刻要添置衣物，兄长也时刻教导，如今幸好没有全备，等到全备的时候，那客与凶便随之而来。（清《曾国藩家书》）

（4）天使道："前回龙驾危险，如今天子幸好了，故此召平辽王进京，朝廷还有圣谕。"（清《说唐全传（下）》）

（5）幸好我骗出番营，逃回长安，请得救兵，破了界牌关、金霞关、接天关，

复夺三关，来到锁阳城，杀退番兵番将及苏宝同，方解此围，才得会你。（清《说唐全传（下）》）

例（1）是可见的关于"幸好"的最早用例，这个"幸好"便是副词用法，例（1）（3）中的"幸好"与现代汉语中的"幸好"意义一致，例（2）中的"幸好"是"正好"的意思，在有的文献里例（1）又云："正好一盘饭，莫待糁椒滗。"例（4）中的"幸好"并不是一个词，而是一个词组，"如今天子幸好了"是指"现在天子可喜的是不再危险了"，"好"是形容词，这属于"幸好"的非典型用法，从古至今，"幸好"的主要用法还是副词用法，多出现在句首，脱离了句首的常规位置，古代汉语中的"幸好"便偶尔出现了其他的临时性用法。

"幸亏"与"好在"虽然都是表示具有某种有利的条件和情况，但两者有很大不同，"幸亏"是指由于某种偶然出现的有利条件而侥幸避免了不良后果，而"好在"所表示的某种有利条件是本来就存在的。刘华丽（2010）认为，副词"X好"生成后，还可以进一步语法化，成为表情态的副词，有时具有篇章衔接功能。即一类表示主观义的副词，表示命题之外的非现实义。主要特点有：第一，该副词是命题之外的成分或修饰命题的成分，常位于主语前。第二，该副词也是否定之外成分。情态的表现不在命题内否定作用域内，也不能成为否定焦点。第三，情态副词后常有"是"。第四，典型句法分布是位于主语前，修饰全句，管辖整个句子；非典型分布是主语后，修饰谓语。

五、"好生"的历时演变

现代汉语中"好生"只存在于方言用法中，修饰形容词，表示"多么、很、极"的程度意义，还可以修饰动词，表示"好好儿地"的意思。"好生"的演变经历了产生、发展和消亡的过程。古代汉语中"好生"这一形式的产生与组成成分"好""生"的演变息息相关，当"好"后面开始搭配动词或形容词，"好"即由形容词演变为副词，这一发展过程为副词"好生"的产生奠定了基础，而"好生"的真正出现与后缀"生"的产生密不可分。"生"是古代汉语中一个凑音节的词缀，如"好生""怎生""么生"等词语中的"生"都是一个无实际意义的后缀。这种用法在敦煌变文中就已存在。副词"好生"产生于唐代，在元明清时期得以大量使用。张振羽（2010）也曾指出，

"唐代时期新兴虚语素大量涌现,比如副词词尾,'好生'是一个附加式副词,它在唐代的出现不是偶然的,是随着新兴后缀'生'的产生而产生的"。例如:

(1)好生供养观音,还要虔恭礼拜。(《敦煌变文集》)

(2)若见维摩传慰问,好生祇对莫羞惭。(《敦煌变文集》)

(3)这都是不曾好生去读书。(《朱子语类》卷十四)

(4)"梅香,好生伏事您姐姐,我下边看些汤药来。"(《两世姻缘》第二折)

(5)"好生着,别慌慌张张鬼赶着似的。"(《红楼梦》第四十回)

上述例子中的"好生"都是情状副词用法,用于谓语动词之前表示"好好地"的意思。

副词"好生"还有表示程度的"很、甚"的意思,例如:

(6)又见家中好生不济,无心守耐。(《京本通俗小说·错斩崔宁》)

(7)这两日听得劫了法场,好生吃惊。(《水浒传》第四一回)

(8)只是哭得粉光惨淡,鬓影蓬松,低头坐在那里垂泪,看着好生令人不忍。(《儿女英雄传》第七回)

"好生"在汉语词汇双音化趋势的推动下得以产生和发展,而在清代之后便渐渐衰亡,"好生"的近义词"好""好不"留存下来。这与语言自身的筛选机制有关,语言中生命力旺盛的表达会保留下来,而有些成分便会随着语言的发展而逐渐消亡,同表程度的副词"好生"和"好不"语义接近,而"好不"的适用范围更广,组合功能更强大,另外,"好生"表情状的用法也由"好好"担任,因此"好生"在竞争中遭到了现代汉语的淘汰,而今仅在汉语方言中还有使用。

六、动补式"X坏"的词汇化

最早的"X坏"格式的词语是由"坏"和其同义的另一动词组合而成,二者是并列的语法地位,共同充当句子的谓语成分,对主语进行叙述,由于两个词语语义接近,因此二者的语序还未完全固定下来,因此"坏"出现的位置在另一词的前面或者后面,之后一般不带宾语成分。例如:

（1）食谷水，巷者井，场圃接，树木茂，宫墙毁坏，门户不闭，外内交通，则男女之别，毋自正矣。（《管子·八观第十三》）

（2）是月也，继长增高，无有坏堕，无起土功，无发大众，无伐大树。（《逸周书·月令解第五十三》）

两汉时期，与"坏"组配的动词渐渐增多了，"X坏"之后有时也开始出现宾语成分。例如：

（3）行冬令，则草木早枯，后乃大水，败坏城郭。（《淮南子·时则训》）

（4）大兵仍出，虑必震坏。（《全汉文·卷六十九》）

（5）故士或自盛以橐，或凿坏以遁。（《全汉文·卷五十三》）

一直到魏晋南北朝时期，越来越多的"X坏"之后带上了宾语，例如：

（6）缓带谈笑，击坏圣世。（《全刘宋文·卷三十五》）

（7）毁坏佛法，焚烧经书。（《全梁文·卷三十五》）

（8）如来世尊能于一念破坏二障。（《菩萨优婆塞戒经·卷一》）

（9）还取笔掷地，塌坏之。（《三国志·贾逵传》）

（10）我今日即打坏甘罗。（《搜神后记·卷六》）

这可以看作是"X坏"格式的萌芽时期，这里的"坏"开始渐渐地表示动作行为的结果而不是表示动作行为。石毓智(2002)认为，动补结构的形成实质上就是动词和结果成分的融合，并指出现代汉语的动补结构直接来源于中古时期的"可分离式动补组合"。不少学者认为述补结构的来源是并列的动词性结构"V1 + V2 + O"。从并列式动词结构变为述补结构经历了一个V2不及物化的过程。当V2不及物化后，宾语就只是V1的宾语，而不再是V2的宾语。V2就向前贴附，与V1的关系变得紧密，有了词汇化的可能性。董秀芳（2011）指出："研究证明，如果补语的语义可由述语的语义预测出，则该述补短语易于成词，补语的意义可预测性越高越容易成词。"正是因为"坏"和之前的动词的语义相近，并且均包含贬义色彩，二者在语义上的联系是很紧密的，概念距离上的接近使得二者之间原有的句法关系逐渐被淡化而发生了词汇化，"X 坏"词语符合汉语的"标准韵律词"[1]。随着人们的高频使用，现代汉语中的"破坏、毁坏、败坏、破坏、损坏"成分之间结合紧密，已经逐渐固化成词了，而不再是一个述补结构，逐渐完成了词汇化的进程。

---

[1] 根据冯胜利（2009）韵律构词法的理论，汉语的"标准韵律词"只能是两个音节。

第六章　"好"和"坏"对称性的制约因素

从以上的描写分析中可以看到，"好""坏"这一对基本反义评价词呈现出了多种对称与不对称的情况。褒贬义词语在语言表达中的功能在于能够帮助人们表达鲜明的爱憎情感和评价态度。"好""坏"的对称性情况是复杂的，虽然在不同的句法环境下二者的对称与不对称的现象各具特点，但综观起来，这些对称性现象的背后有着共同的制约因素。本章主要运用相关理论对"好"和"坏"不对称现象的产生作深层次的阐释，发掘产生这一系列不对称现象的主要原因，对汉语中反义词对的对称性的研究具有一定的理论参考价值。

语言学界认为解释语言现象主要有两种理论前提：一种是形式主义的语言观，形式主义试图从语言结构内部去寻找解释：语言结构受一定的规则控制，这些规则是人类语言结构所固有的，是人类天赋语言能力的体现；另一种是功能主义的语言观，功能主义者则试图从语言结构的外部去寻找解释，主要着眼于语言的功能。语言的功能主要是交流信息，语言的结构是语言为了达到信息交流的目的而自我调适的结果（沈家煊 1999）。本书认为语言现象的形成与语言结构内部的运行机制和语言结构外部的影响制约均密切相关，本章主要拟从语言内部和外部的两方面原因来解释"好"和"坏"的对称性情形。

第一节　语言内部的原因

一、经济性原则

语言的对称性是语言的一种非常普遍的现象，而对称性的主要原因之一就是语言的经济性原则。经济性原则是人类社会普遍遵循的一条基本原则，语言系统和语言运用同样也会受到经济原则的影响。"好""坏"标记模式的形成与经济性原则密切相关。

语言的经济性原则（Principle of Economy）也可以称作省力原则（Principle of Least Effort），指的是在语言交际中尽可能地利用最省力的形式来完成语言表达活动，或是在语言系统中语言符号尽可能地精炼，运用有限的语言符号去进行无限的言语活动，即说话人总想在取得精确传递信息的效益时尽量减少自己说话的付出。美国学者 George Kingsley Zipf 1949 年提出了"省力原则（Least Effort Principle）"，认为人们在进行言语交际活动时，这一原则同时制约着听话人和说话人的行为，说话人和听话人倾向于选择能够完整编码和解码的最少的语言符号，二者达到一种平衡从而达到真正的省力和经济。无标记项的使用频率比较高，而组合形态又比较简单。常用的成分不加标志或采用短小的组合形式，显然是出于经济或省力的考虑，这就是常说的"齐夫定律"（沈家煊 1999）。法国语言学家 Andre Martinet 在 Econo ie des changements phonétiques（《语言变化的结构》）一书中提出"语言经济原则"。这一原则起先被看作是语音演变的基本规律，但在他后来的一些理论著作中却被视为语言"运转的基本原则"（principe de fonctionnement）。这种假说认为人们在保证语言完成交际功能的前提下，总是自觉或不自觉地对言语活动中力量的消耗做出合乎经济要求的安排。要尽可能地"节省力量的消耗"，使用比较少的、省力的、已经熟悉了的或比较习惯的、或具有较大普遍性的语言单位。Leech 从语言使用的角度对经济原则进行了解释。他认为，经济原则是在所传送的信息内容不受影响的情况下简缩文本，并因此减少了听、说两者在编、解码时所花费的时间和精力，从而使言语交际变得快捷而流畅 (Be quick and easy) 的原则，其唯一准则就是"尽量简缩"(Reduce where possible)。

关于语言的经济性原则对"好"和"坏"对称性的制约，可以主要从两个方面来看待：一是语言系统的经济性，二是语言表达的经济性。

（一）语言系统的经济性

语言系统的经济性可以用"奥卡姆剃刀定律"来说明。奥卡姆剃刀定律（Occam's Razor, Ockham's Razor）又称"奥康的剃刀"，是由 14 世纪英国奥卡姆（位于英格兰的萨里郡）逻辑学家、圣方济各会修士威廉（William of Occam，约 1285 年至 1349 年）提出来的。其基本原理就是"如无必要，勿增实体"，即"简单有效原理"。这一原理表现在语言系统中即语言系统中的元素应尽可能精省，语言符号应尽可能少。语言系统的经济性促使语言符号的使用尽量达到最大性价比，即用尽可能少的符号能满足人们的正常交际。因此，语言系统不存在两个意义用法完全相同的词。"好"和"坏"的不对称的表现之一即二者在义项和构词上就存在着不是简单的一一对应的情形，"好"和"坏"都承担着多种语义，发展出多种词性，而积极意义词语"好"承担的义项更是多达十余项。Greenberg（1966）指出任何一种语言，总是正面词为无标记项，反面词为有标记项。人们在进行语言交流时，在不同的语境中必然会多次使用"好"或"坏"这两个词，无标记项"好"和有标记项"坏"二者的多义性必定会带来不对称。在有的语言环境下，与强态形容词"好"对称的不仅仅只是"坏"，还有"难""差""破""次"等弱态的形容词。因为这些弱态形容词在语言系统中的意义早已固定，在不同情形下需要表达"好"的相反意思时，便采用了汉语系统中这些早已存在的词语，而不是增加"坏"的义项。例如，与"好看""好听""好吃"等相反的对称说法已经有"难看""难听""难吃"等，就没有必要用"坏看""坏听""坏吃"的说法了。选择已有表达而不是新创表达也是语言经济性的一种体现，因此发展相对缓慢的"坏"并不是和词义丰富的"好"完全对称，无标记项"好"的分布范围要比有标记项"坏"大。

（二）语言表达的经济性

语言表达的经济性是指在人们进行言语表达时采用尽可能简单的语表形式表达尽可能多的语义内涵，语言的表达一般追求简洁，在进行言语交际时，人们一般希望在保证表达效果的同时尽量使用简省形式，具体而言即人们在选择表达方式时能使用单词表达就不使用短语。例如短语"不好看""不好听""不好吃"等就不如单词"难看""难听""难吃"等简省。在追求简省时，就用单词"难看"等，而不用短语"不好看"等。正因为如此，语言系统中就产生了与单词"好看"等对称的单词"难看"等。

但是为什么有些单词没有产生对称的单词呢？例如"好感"就没有对称的"坏感"，也没有其他对称的单词。这是因为作为名词的"好感"与作为形容词的"好看"之类的表述功能有差别。"好看"等有独立的表述功能，能单独作谓语，如"这件衣服好看"。而名词"好感"没有独立的表述功能，一般要与动词"有"等搭配成"有好感"等短语才能表述一定的意思。而"有好感"的反义表述可以用"没（有）好感"，同样只用两个单词，可以满足简省的要求。因此就没有必要造一个与"好感"相对的单词"坏感"了。这就形成了单词"好感"没有对称单词的现象。正因为如此，所以语言中具备独立表述功能的动词、形容词有对称词的比较多，没有对称词的比较少；而没有独立表述功能的名词则相反，有对称词的比较少，没有对称词的比较多。因为与名词相关的反义表述往往可以通过对称的动词、形容词来实现，既可满足简省表达的要求，同时不增加新的单词，也就满足了语言系统的简省要求。

由此可见，人们在满足言语表达简省的要求的同时，还要考虑满足语言系统简省的要求，能不增加新的单词就尽量不增加。

需要指出的是，语言系统的经济性原则和语言表达的经济性原则两者之间有时会出现矛盾，前者要求语言系统的符号尽可能的少，后者要求表达时应多使用简短的单词而不是较长的短语。如果只追求语言系统的经济性，就要尽量少用单词，能够用短语表达的就不增加新的单词；如果只追求语言表达的经济性，就要尽量多用或多造单词，少用短语。这两者需要平衡。而平衡两者的基本原则就是频率原则——高频优先原则。所谓高频优先原则，就是指使用频率较高的概念优先用单词表示，使用频率较低的概念，则尽量用短语表示而不增加新的单词。这样就既照顾了语言系统的经济性，又照顾了语言表达的经济性，使两种经济性得以平衡。由于语言中表达积极概念的词语使用频率较高，表达消极概念的词语使用频率比较低，因此语言中表示积极概念的单词或义项一般都比表示消极概念的单词或义项要多得多。"好"与"坏"的对称性就是一个典型的例子。

二、语言演变的不同步

语言的不对称还与语言演变的规律有关。人总是通过联想和类推给旧的语言形式赋予新的意义，人说话时为了追求省力语音形式有自然销蚀的趋势，意义和形式总处在不断变化之中。语言形式演变的一个重要方面是语音的简化或弱化，如音节的缩短、音量的减弱；语言意义演变，一个重要方面是语义虚化，即由实在意义的词逐渐演变为意义虚灵的语法成分的过程，这种过程通常称作"语法化"（grammaticalization），另一个重要方面是"词汇化"（lexicalization），即短语或词组逐渐凝固或变得紧凑而形成单词的过程（沈家煊1999）。"好"和"坏"及其相关词语在形式和意义的演变中的不同步造成了"好"和"坏"的不对称，一些由"好""坏"组构的词或短语在语言演变中由于高频使用等原因发生了语法化或词汇化，而对称形式的发展相对滞后，于是造成了共时层面上的诸种不对称。"达尔文的整个物种起源理论大厦，就是建立在'遗传变异'和'自然选择'两条常理基础上的。"（金立鑫2007）

语言处在不断的演变之中，形义的演变在语法化和词汇化的过程中要受"形变滞后"和"意义滞留"两条规律的支配，因而形义间的不对称是绝对的，无时不存在的，而对称则是相对的。（沈家煊1999：324）积极成分"好"构成的词语的高频使用加速了这些词语的词化进程，同时也通过隐喻或转喻机制产生了除字面基本的叠加义之外的引申义，消极成分"坏"在构词上不如"好"能产，在表达相对概念时都转而选用其他词语，因此出现了形式上的不对称。即使一些通过与"好"类词语对举而临时产生的对称形式的"坏"类词语，意义也比较单一，与义项丰富的"好"类词语也出现了语义上的不对称。

比如在动补结构中"好"和"坏"的对称性是复杂的，二者发展出的义项是不完全对称的，"好"充当补语时主要有以下几个义项：①优点多的；使人满意的（跟"坏"相对）；②友爱，和睦；③（身体）健康，（疾病）痊愈；④用在动词后，表示完成或达到完善的地步。"坏"充当补语时主要有以下几个义项：①缺点多的；使人不满意的（跟"好"相对）；②不健全的，无用的，有害的；受到破坏的，变质的，有故障的；③表示身体或精神受到某种影响而达到极不舒服的程度，有时只表示程度深。由此可见，补语位置上"好"的适配范围更广，"坏"的义项更具针对性，适用范围较受局限。动词在与"好""坏"分别进行组配时，由于各自义项的多样性会产生不同的适配结果，因此造成了形式和语义的不对称。此外，通过历时梳理可以看到，一系列"好X""X好""X坏"词语如"好在、好歹、正好、幸好、毁坏、破坏"等在历史演变过程中都或多或少地发生了词汇化或语法化，整体逐渐固定，历史发展的不平衡也就造成了共时层面上相应对称项的不发达。

三、关联标记模式

反义词的标记模式是"各种类型的反义词，无标记项倾向于跟无标记项相组配，有标记项倾向于跟有标记项相组配"。比如"好"经常和"上、大"类词语相组配，"坏"跟"下、小"等相组配，"从人的认知过程来讲，许多复杂的、抽象的概念都是从'上下'这种最基本的空间关系引申出来的"（参看 Lakoff 1980），在人类的思维观念里存在着"好为上、坏为下"（good is up；bad is down）的基本隐喻概念。"好"和"坏"存在着积极与消极的语义色彩差异。"关联标记模式"强调"肯定与正面词相组配，否定与反面词相组配"，褒义和贬义的语素互相排斥，因此与"好"构词的带有积极色彩的语素自然与"坏"构词的带有负面色彩的语素构成的词语不对称，如"破""毁""败"等消极成分就只能与"坏"进行组配。

又比如"好""坏"这一对评价类形容词，本身就包含褒贬的语义特征，因此在与动词进行组配时，一般中性的不带感情色彩的动词可以分别与"好""坏"组合，而带正面积极的感情色彩的动词倾向于与"好"组配，带负面消极的感情色彩的动词倾向于与"坏"组配，体现了"关联标记模式"，这也一定程度上造成了"V好""V坏"的不对称。同时，动词本身的多义性也造成了与"好""坏"搭配的不对称。还有全句的语义色彩也会影响"好""坏"的选用，如果整个句子较多使用带有积极意义的词语，那么这样的句法环境允许褒义词"好"进入，如果整个句子的感情色彩带有消极倾向，那么这样的句法环境准允贬义词"坏"的进入，从而使得全句达到协调一致。

陆俭明（2016）受语音研究中的"元音和谐律"（vowel harmony）观点的影响而提出一个句法语义研究的新想法——语义和谐律（semantic harmony principle），认为语义和谐从句法层面上来说主要体现在三个方面："其一是整体的构式义与其组成成分义之间在语义上要和谐。其二是构式内部词语与词语之间在语义上要和谐。其三是构式内部词语的使用与构式外部所使用的词语在语义上要和谐。词语之间存在着语义制约关系，从本质上来看，就是要求句子中的各个词语之间在语义关系上要和谐。"语义和谐律能很好地解释"好"和"坏"在构词和句法中的不对称现象，揭示了大多数语境下"好"和"坏"使用的限制是由于语义的制约。

由于名词、动词、形容词等都是表示积极意义的比较多，表示消极意义的比较少，而经常相互搭配的名词、动词、形容词在语义上要相互适配，就造成了积极表述比消极表述多得多的结果。"好"与"坏"的种种不对称在很大程度上就是由此而生的。

第二节　语言外部的原因

从上述论述可以看出，语言内部的各种原因都与词语使用的频率这一因素密切相关，无论是两种经济性的平衡，语言演变的不同步，还是关联标记模式，都体现了高频优先的基本原则，造成积极意义的表述与消极意义的表述的不对称。那么为什么积极表述要比消极表述频率高得多呢？这就要从语言系统外部寻找原因。

由于语言的本质功能就是社会交际功能和思维认知功能，因此，探讨语言外部原因时，主要应该从这两个方面着手。

一、认知心理原因

首先，人们的认知取向存在一定的差异，心理上存在着一种"倾向常规"。人们总是倾向于追求好的方面，排斥坏的方面，因此"语言中褒义词的使用频率总是高于贬义词",Boucher & Osgood(1969)提出"乐观假说"来证明这一点。社会上的评价标准也是"好为上,坏为下",人们在心理倾向上更乐于选择正面的词语进行婉转地表达,有时要表达"坏"的概念人们也倾向于选用"好"的否定式来间接表达,认知和评价上人们偏向求"好"是人类的心理常规。不对称现象普遍存在于语言系统的各个层级中。"好"和"坏"在构词层级上体现了两者的对称性,"好"和"坏"构成的词语存在着对称的基础,但也出现了一些不对称的情形,形成了"好"和"坏"类词语在形式和语义上的一种纠结现象。"好"和"坏"构词的不平衡性是受认知上的一些动因驱使的。"好"被赋予丰富的语义内涵,派生词语多,构词能力强,"坏"类词语的使用由于人们的认知心理而受到了一定程度的压制。

"乐观假说"(Pollyanna Hypthesis)指出"人总是看重和追求好的一面,摒弃坏的一面"(沈家煊1999),反映在语言中也就是人们倾向于一种委婉表达。评价类反义形容词"好"和"坏"带有强烈的主观性,传达着人们对于事物对象的主观评判。有时虽然需要表达"V坏"的意思,但都采用"V不好"或"没(有)V好"这类否定表达。褒义词"好"相对于贬义词"坏"来说是无标记项,体现出社会的评价标准和人类的"乐观"心理,反映了人们的一种心理期待值,即都趋向于正面积极的结果。汉语中有些否定的意义很少直接表现出来,而是大多采取一种含蓄委婉的表达方式。

其次,从认知的角度看,"好"比"坏"更为显著,在人们的心理中占据更为重要的位置。"典型成员或无标记项具有认知上的'显著性(salience)',它们最容易引起人的注意,在信息处理中最容易被储存和提取,它们在人形成概念时最接近人的期待或预料(见Comrie 1986)。"(沈家煊1999)褒义词"好"在认知上居于"显著"地位,人们更易感知和处理,因此"好"被使用的频率高,在一些特殊结构和固定表达中,"好"的选用频率也明显高于"坏",这与人们内心对于美好事物的期待与向往有很大的关系。

二、社会文化因素

汉语和中国文化的关系十分密切。语言既具有人类的生理属性,又具有人类的社会属性,是人类社会的一种文化现象,不同民族的语言必然会烙上不同社会文化的印记，各民族的文化对本民族的文字、语法、语音、词语等都有深广的影响。"语言系统本身就是一种世代相传的社会惯例，言语行为也是人们的一种社会行为。语言系统和言语行为都受到人们的思想观念、思维方式、审美情趣、价值观念甚至伦理道德观念的制约。"[1] 语言和文化的关系十分密切。"好"和"坏"的评判和认定反映了人们的价值观。在中国传统文化的影响下，中华民族养成了"克己复礼、循规蹈矩、不走极端、求同存异、推崇和谐"的品质，表现在语言交际习惯上则是倾向于首选褒义词，少选贬义词，"好"的大量使用和"坏"的受限使用与此不无关联。

"礼貌原则"（Politieness principle）是利奇（G.N.Leech）在他的《语用学原则》（1983）一书中提出来的。"礼貌是人类交际中的普遍现象，是人与人交往时言语和动作谦虚恭敬的表现，同时也是在不同的文化里由风俗和习惯形成的人们共同遵守的行为准则。正因为如此，人们在进行言语交际行为时，除了要遵循合作原则之外，也需要遵循礼貌原则。"礼貌原则又可以细分为得体准则、慷慨准则、赞誉准则、谦逊准则、一致准则和同情准则。在言语交际中为了保证交流沟通的顺畅，人们有时会回避"坏"这一类直接的负面评价的表达，转而采用其他较为含蓄委婉的表达方式，多对对方进行表扬和赞美。"礼貌原则"是造成褒义词"好"的使用频率高的一个重要原因。"礼貌原则"也是造成"好"和"坏"构成的许多词语和格式不对称的原因，为了遵循这一交际原则，有时在选用表达时，也倾向于采取一种婉转表达，"坏"的语义相对较为绝对和极端，在具体语境中有时便不采取"坏"的组配表达，说话人需要采取一些恰当的交际策略以示礼貌，从而取得最佳的交际效果，如在问答句中对于"好"的普遍性使用和"坏"的选择性使用造成了二者的不对称现象，人们在进行问题回答或事物评价时，如果要否定对方则都倾向于选择委婉表达，因此在对于负面色彩明显的"坏"的选用上会存在一定的压制。

---

[1] 详见邢福义，吴振国. 语言学概论 [M]. 武汉：华中师范大学出版社，2010.

第七章　结论与展望

第一节　本书的主要结论

关于"好"和"坏"的对称性问题，虽然很早就有学者提及（沈家煊1999，石毓智2001），但是都还不是很全面和系统。即使是有单独将二者提取出来进行对比研究的也都是仅限于一个方面，对于"好"和"坏"这对语言系统中十分"典型"和基本的形容词[1]，本书基于大规模的语料库数据统计、分析，对于反义评价形容词"好"和"坏"在各种情况下的对称性问题及制约因素有了深入的了解，现将本书的主要结论归纳如下：

第一，现代汉语中无标记项"好"和有标记项"坏"在义项对比上呈现了极大的不平衡性，"好"的义项丰富于"坏"；在具体使用中，"好"的使用频率也高于"坏"；在语言习得的过程中，儿童对于"好"的掌握也要先于"坏"。在构词层面上，"好""坏"构成的词语主要有定中、状中、动补、重叠等形式，表现出"形式和语义基本对称"，"形式对称，语义部分对称"，"形式对称，语义不对称"，"形式和语义均不对称"四种对称分布情况，形式和意义之间存在着一种扭曲关系。

---

[1]　Dixon（1977）的研究发现，在形容词只是一个很小的封闭类的语言里，这些形容词都是表示大小、长幼、好坏和颜色的。如果一种语言有形容词，它们必定包括表示这些概念的形容词，也就是说表示这些概念的形容词是最"典型"的形容词，它们都表示性质，主要作定语起修饰作用。（沈家煊1999：150）

从根本上讲，"好"和"坏"构词上出现的对称性主要是有着认知倾向和语义色彩方面的原因。

第二，反义评价形容词"好"和"坏"在充当句法成分上具有多样性。

一是，定语位置上的"好"和"坏"用于指示所修饰的对象是否达到了人们的预期满意值，或是事物对象是否具有一定的功用性。与"好""坏"组配的名词的语义特征主要有三点：[＋两面性][＋主观性][＋功用性]。具有强烈的主观性的消息类名词、策略性名词、情感态度类名词一般都与"好""坏"结合力度大，这类词语带有人们的主观意识，与表示主观评价的"好""坏"语义匹配度高，吻合度高，这类"好N""坏N"形式语义是对称的；客观性的事物名词如称谓名词、动物类名词、经验结果类名词等与"好""坏"的结合取决于人们的主观判断，表达主观的情感态度，二者是对称的；植物名词或身体器官名词除了与人们的主观认定有关，也与自身的功能性偏差有关，造成这类"好N""坏N"形式对称，语义不完全对称；客观的度量类名词、疾病类名词、自然景观类名词不以人们意志为转移，故不与"好""坏"结合。

二是，动补位置上的"好""坏"形式与语义的匹配情况同样多样，本书对动补式"V好""V坏"的对称性分布进行考察，指出二者主要有句法分布形式对称，语义也对称，语义指向为同一对象（动作施事、受事、动作本身）；句法分布形式对称，语义不完全对称；句法分布形式和语义均不对称三种分布情形。与"好""坏"搭配的主要是自主动词。"好""坏"义项的不对称，使用频率的差异，搭配动词的语义倾向以及人们的趋利心理等共同制约着"V好""V坏"二者的对称性。

三是，"好"和"坏"充当谓语时其前的主语主要有身体器官名词、指人名词、物质名词等，当谓语成分"好""坏"的主语为身体器官名词时，"好""坏"重在评价身体的健康与否，"好"表示健康、痊愈，"坏"表示不健康，出现了毛病，二者是对称的；"好""坏"充当谓语时常带有程度补语，比如"好极了""坏透了"，两者是不对称的，"好极了"主语一般是为"味道、感觉"等词语，"坏透了"的主语主要为"情绪、心情"等心理名词或是指人名词。"好""坏"的动态用法"好起来"与"坏起来""好下去"与"坏下去"二者都是对称的。

四是，在状语位置上，"好"和"坏"是完全不对称的，"好"充当状语时有三类用法：一是用在动词前，作用类似于助动词，表示容易的意思；"坏"没有这一用法，也没有表示"不容易"的语义。二是用在形容词、动词前，表示程度深，并带有感叹语气；"坏"也没有表示程度的这一用法。三是用在"看、听、闻、吃、受、使、玩儿"等动词前面，表示使人满意的性质在哪方面，如"好看、好吃、好听"等，跟这个"好"相对的是"难"，如"难看、难听、难闻、难吃、难受"等，"坏"并没有这一用法。

五是，"好""坏"充当句子独立语时，二者是不对称的，"好"可以表示对对方的观点意见的赞同，也能够起到话语衔接的功用。"好"单用的功能比"坏"丰富，"坏"很少单独作为句子独立成分使用，"坏"之后常添加"了、啦"等成分成为人们话语中的习惯性用语，有"引起注意、提醒警觉"的功能，其后叙述的均为消极负面的信息。

第三，在一些特殊格式中，"好"和"坏"的对称性呈现也不一致。

一是，"好""坏"常同时出现，形成对举格式，在这样的情形下，"好""坏"都是对称的，并表达周遍的含义，表示完整的意义。本书主要分析了并列式词语"好坏""V好V坏"式结构、同一句法位置的共现、否定对举式，以及成语俗语中的对称性情形。

二是，非定量形容词"好""坏"前面可以添加程度词表示不同量级，但二者在一些计量方式上是不对称的，通过逐一考察，"好"和"坏"在客观计量中的微量表达上是不对称的，"稍微＋形容词"这一表述排斥贬义词"坏"的进入，在中量、高量、极量的表达上"好"和"坏"都是对称的；在主观计量方式中，"好"和"坏"的微量和中量表达是不对称的，表现在"好"不能进入微量表达方式"有点儿＋形容词"，"坏"没有中量表达式，而二者在高量和极量表达中都是对称的。

三是，"好"和"坏"在疑问句中存在着量级差异，积极成分"好"的量幅为L1—L11（[0，1]），消极成分"坏"的量幅为L6—L11（[0，0.5]）。"好"是全量幅词，"坏"是半量幅词。问句"N＋A＋吗？"和问句"N＋A＋不＋A？"中"好"的询问域大于"坏"，问句"N＋有多＋A？"中"好""坏"的询问域一致。

四是，在比较句中，"A跟/和/同/与B＋一样/不一样＋好/坏"格式中"好"和"坏"是对称的，"A不如B好"格式中消极意义形容词"坏"无法进入，因此与"好"是不对称的，还有在"A（没）有B（这么/那么）好/坏""越来越好/坏""越

Adj/V 越好 / 坏"结构以及比字句的基本结构式"A 比 B 好 / 坏"中"好"和"坏"二者是对称的。

五是，在语言的发展中，由"好""坏"各自分别形成了一些特殊的结构式，这种情形下对称的另一方是缺失的，二者是不对称的，主要是由"好"构成了一些特殊用法如"好＋不＋形"构式、"好个……"结构等。

六是，褒义词"好"的重叠能力强于贬义词"坏"，重叠式"好好""坏坏"虽然句法功能一致，但是并不能对称替换，"好好"与动词的适配面更广，"坏坏"多与动词"笑"结合。这一重叠的 AA 式形容词可以儿化，如可以说"好好儿"，还可以添加助词"的"形成"好好的、坏坏的"表达式，在定语、补语和谓语位置居多，表示状态，带有明显的描述性。这些位置上的"好好""坏坏"语义也不对称。"好"还存在"好 A 好 B"格式的重叠式，如"好离好散""好来好去""好声好气""好心好意""好言好语""好模好样"，"坏"没有这一格式的词语。方言中"好"和"坏"的重叠式用法比较特殊，很多都是固定说法，因此二者也是不对称的。

七是，"好""坏"在不同语体中的使用频率是不对称的，"好"的使用数量明显要高于"坏"。在不同语体中，"好""坏"各自的侧重点又有所不同，在对话语体中，"好"主要担任话语标记，在口语中使用"不好"比"坏"要频繁，符合会话原则中的委婉原则。新闻语体中的"好"也多出现在"友好""良好"等词语中用来形容两国关系，充当定语或补语，用来对事物或事件定性，新闻语体中大多出现的由"坏"构成的词语有"破坏""毁坏""损坏""坏人"等，由"坏"组成的词语使用频率高于"坏"单用。

第四，在历时演变过程中，"好"的出现时间早于"坏"，在进一步的语义发展演变过程中，二者呈现出不同的轨迹，"好"的意义和功能渐趋丰富，"坏"的意义和功能发展相对缓慢，历时发展的不平衡能够很好地说明共时层面的一些不对称问题。通过对"好比""正好""好看""幸好""好生""X 坏"等词语的语法化和词汇化现象考察，可以知道现代汉语"好"和"坏"的诸多不对称有着历史的原因。

第五，"好""坏"的对称性情况是复杂的，虽然在不同的句法环境下二者的对称与不对称的现象具有其各自的特点，但综观起来，这些对称性现象的背后有着共同的制约因素。

　　本书认为语言现象的形成与语言结构内部的运行机制和语言结构外部的影响制约均密切相关，从语言内部来看，语言系统的经济性促使语言符号的使用尽量达到最大性价比，即用最少的符号能满足人们的正常交际，无标记项 "好" 的分布范围要比有标记项 "坏" 大，承担的义项比 "坏" 要丰富。语言表达的经济性是指在人们进行言语表达时采用尽可能简单的语表形式表达尽可能多的语义内涵，反义词对 "好" "坏" 在表达相对意义时还是具有一定的能产性的，比如在修饰一些名词时，反义关系即可通过 "好" "坏" 的替换来表示，表达方便省力，并能进行一定类推，符合语言的经济性原则。

　　语言的不对称还与语言演变的规律有关。"好" 和 "坏" 及其相关词语在形式和意义的演变中的不同步造成了 "好" 和 "坏" 的不对称，一些由 "好" "坏" 组构的词或短语在语言演变中由于高频使用等原因发生了语法化或词汇化，而对称形式的发展相对滞后，于是造成了共时层面上的诸种不对称。"好" "坏" 这一对评价类形容词，本身就包含褒贬的语义特征，因此在与动词进行组配时，一般中性的不带感情色彩的动词可以分别与 "好" "坏" 组合，而带正面积极的感情色彩的动词倾向于与 "好" 组配，带负面消极的感情色彩的动词倾向于与 "坏" 组配，体现了 "关联标记模式"，也可以用 "语义和谐律" 来解释。

　　从语言外部原因来看，人们总是倾向于追求好的方面，排斥坏的方面，因此 "语言中褒义词的使用频率总是高于贬义词"。在言语交际中，为了保证交流沟通的顺畅，人们有时会回避 "坏" 这一类直接的负面评价的表达，转而采用其他较为含蓄委婉的表达方式，多对对方进行表扬和赞美。因此 "礼貌原则" 也是造成褒义词 "好" 的使用频率高的一个重要原因。

第二节　本书的创新之处

　　反义形容词的不对称问题较早地受到了学者们的关注，但对 "好" 和 "坏" 这一对基本形容词的不对称研究，语料事实还有待挖掘，研究角度有待拓展，解释分析有待深化，其中多是进行共时层面上的对称性研究，历时层面的考察较少。本书则主要基于大规模语料库的调查，以认知语法理论、标记理论、"两个三角"理论、"主观视点"理论、"小句中枢说"为理论背景，并且结合儿童语言学和认知心理学的最新相关研究成果，采用语义指向分析法、对比分析法等多种语言学分析方法，从词法、句法、语用等多方面对"好""坏"的对称性情况进行了尽可能全面细致的系统研究，不断挖掘新的语料事实并拓展新的研究视角，在大量的语言事实的基础上总结出了各种情形下"好""坏"的对称性纠结的现象以及制约因素，将"好""坏"可能的匹配情况做了穷尽式描写，发现了二者的诸多组配规律和对称原则，并对其不均衡的使用状态进行了多角度、全方位的解释。同时，本书将共时比较和历时考察相结合，静态和动态研究相互印证，弥补对"好""坏"这一对基本的性质形容词研究的不足，为更好地解释两者的使用差异提供参考依据，以"好""坏"对称性研究这一点带动整个反义形容词研究，以小见大，构建了反义词对称性研究的基本模式，加强了对反义词不对称现象及其规律的认识，不仅有助于深化标记理论的内涵，同时也有利于对外汉语的反义词教学。

第三节　本书的不足之处及未来研究展望

本书虽然尽可能地对"好""坏"的对称性做出了详尽的描写和解释，但由于有关条件的限制，本书的研究主要存在着以下不足之处：

一是，相对于句法层面和构词层面，对于"好"和"坏"在语用层面的对称性问题还有待进一步深化，对于"好"和"坏"相关的其他褒贬义评价词语的对称性情况考察也还不是很充分。

二是，本书在"好""坏"重叠式对称性的研究部分涉及了二者的方言用法，但关于"好""坏"的其他功能在方言中的表现还有待作进一步的调查和研究。

针对这些不足，在今后的研究中，争取在以下方面作一定的突破：

一是，加强对"好"和"坏"及其相关词语的对称性考察，将褒贬义评价词语的对称性研究范围扩大，尝试找出这一类反义形容词的对称规律，将反义词对称性的研究继续深化和不断完善。

二是，从类型学视角出发，对于"好坏类"反义评价词语在其他语言中的对称性作进一步考察，发掘制约这些反义词对称性的普遍规律，从而对这一类现象做出统一解释。

参考文献

《汉语学报》编辑部编.《小句中枢说》[M]. 长春：东北师范大学出版社，2006.

[美]Adele E.Goldberg 著; 吴海波译; 冯奇审订.构式: 论元结构的构式语法研究 [M]. 北京：北京大学出版社，2007.

包文姝，郭芮.基于原型范畴理论的英汉反义形容词标记性对比研究 [J]. 贵州大学学报（社会科学版），2012（1）.

陈杰一，吴颖."也好"的多功能性及重新分析[J].暨南大学华文学院学报，2009(4).

陈青松."大 / 小＋名"结构考察 [D]. 湖南师范大学硕士学位论文，2002.

陈艳华."大小类"反义词有 / 无标记项在汉语及中介语词汇层面的不对称研究 [D]. 北京语言大学硕士学位论文，2007.

陈勇.语言学研究中的标记理论 [J]. 外语研究，2002（6）.

谌金中."多＋N"与"少＋N"不对称性的表现形式及原因分析 [J]. 广西社会科学，2007（2）.

程远.语言里的不对称现象 [J]. 中国语文，1980（1）.

储泽祥.名词及其相关结构研究 [M]. 长沙：湖南人民出版社，2000.

戴昭铭.文化语言学导论 [M]. 北京：语文出版社，1996.

单韵鸣.广州话"好"的一种特殊用法 [J]. 中国语文，2009（6）.

邓先军，周孟战."好"字及其文化内涵 [J]. 湖南工程学院学报，2006（3）.

董秀芳.词汇化——汉语双音词的衍生和发展 [M]. 北京：商务印书馆，2011.

段濛濛.反义词群"好—坏"的组合情况及其不对称现象 [D] 北京语言大学硕士

学位论文，2006.

　　段益民.从单音反义形容词的句法失衡看聚合组合的多元对应 [J].宁夏大学学报（人文社会科学版），2004（3）.

　　段益民.句法规约与反义形容词 [M].武汉：华中师范大学出版社，2004.

　　方绪军.现代汉语实词 [M].上海：华东师范大学出版社，2000.

　　方一新，曾丹.反义复合词"好歹"的语法化及主观化 [J].浙江大学学报（人文社会科学版），2007（1）.

　　方永莲.反义词"好""坏"的多角度研究 [D].延边大学硕士学位论文，2012.

　　冯胜利.汉语的韵律、词法与句法（修订版）[M].北京：北京大学出版社，2010.

　　冯志峰.反义词"早—晚"不对称的共时和历时考察 [D].北京师范大学硕士学位论文，2008.

　　付琨.标记理论的介绍与应用 [J].汉语学习，2006（3）.

　　甘莅豪.空间动因作用下的对举结构 [D].华东师范大学博士学位论文，2008.

　　郭聿楷.俄语反义词的不对称性 [J].外语学刊，2002（4）.

　　郝玲.谈反义词"深/浅"的不对称现象及解释[J].现代语文（语言研究版），2006（5）.

　　郝玲.相对类反义性质形容词作补语的不对称 [J].阜阳师范学院学报（社会科学版），2012（5）.

　　何自然，冉永平.新编语用学概论 [M].北京：北京大学出版社，2009.

　　黄国营，石毓智.汉语形容词的有标记和无标记现象 [J].中国语文，1993（6）.

　　姜望琪.Zipf 与省力原则 [J].同济大学学报，2005（1）.

　　解妮妮.反义词"厚""薄"不对称分析 [D].北京语言大学硕士学位论文，2009.

　　金立鑫.语言研究方法导论 [M].上海：上海外语教育出版社，2007.

　　郎咸雯."高/低"的对称性和不对称性及其解释 [J].内蒙古农业大学学报（社会科学版），2012（4）.

　　雷冬平.语气助词"也好"的语法化过程及其功能 [J].牡丹江师范学院学报，2009（6）.

　　雷冬平."好＋(X)个 NP"的构成及语法化研究 [J].语言教学与研究，2012（2）.

　　李晋霞."好"的语法化与主观性 [J].世界汉语教学，2005（1）.

　　李小军.语气词"好了"的话语功能 [J].世界汉语教学，2009（4）.

李宇明 . 儿童语言的发展 [M]. 武汉：华中师范大学出版社，2004.

刘丞 ."好在"的演化过程与功能扩展 [J]. 世界汉语教学，2012（4）.

刘国辉 . 近三十年来反义词现象研究思考及非对称性反义词表征考察 [J]. 外语研究，2008（3）.

刘华丽 . 近代汉语双音节情态副词"X 好"历时生成分析 [J]. 清华大学学报（哲学社会科学版），2010（S2）.

刘兰民 . 汉语仿词造词类型刍议 [J]. 修辞学习，2001（2）.

刘愿愿 . 现代汉语"好在"及其相关格式研究 [D]. 上海师范大学硕士学位论文，2011.

刘云，李晋霞 . 论频率对词感的制约 [J]. 语言教学与研究，2009（3）.

刘云 . 现代汉语中的对举现象及其作用 [J]. 汉语学报，2006（4）.

卢华岩 . 句末"点儿"的语法功能和认知模式分析 [J]. 语言文字应用，2007（S1）.

卢烈红 . 配对型"也好"源流考 [J]. 中国语文，2012（1）.

陆俭明 ."多"和"少"作定语 [J]. 中国语文，1985（1）.

陆俭明 . 现代汉语语法教程 [M]. 北京：北京大学出版社，2005.

陆俭明 . 修辞的基础——语义和谐律 [J]. 当代修辞学，2010（1）.

罗苹 . 词汇符号的不对称性 [M]. 北京：世界知识出版社，2012.

吕叔湘 . 单音形容词用法研究 [J]. 中国语文，1966（2）.

吕叔湘 . 吕叔湘全集 [M]. 沈阳：辽宁教育出版社，2002.

吕叔湘 . 说"胜"和"败"[J]. 中国语文，1987（1）.

吕叔湘 . 现代汉语八百词 [M]. 北京：商务印书馆，1999.

吕叔湘 . 形容词使用情况的一个考察 [J]. 中国语文，1965（6）.

吕叔湘 . 语文杂记 [M]. 上海：上海教育出版社，1984.

马庆株 . 汉语动词和动词性结构 [M]. 北京：北京大学出版社，2005.

潘峰 . 反义形容词的对称性及其非对称性 [J]. 平原大学学报，2005（6）.

潘国英，齐沪扬 . 论"也好"的词汇化 [J]. 汉语学习，2009（5）.

皮奕 ."长 / 短"的对称与不对称分析 [D]. 广西师范大学硕士学位论文，2010.

邵敬敏，朱晓亚 ."好"的话语功能及其虚化轨迹 [J]. 中国语文，2005（5）.

申小龙 . 汉语与中国文化 [M]. 上海：复旦大学出版社，2004.

沈家煊 . "好不"不对称用法的语义和语用解释 [J]. 中国语文，1994（4）.

沈家煊 . "有界"与"无界"[J]. 中国语文 .1995（5）.

沈家煊 . "语法化"研究综观 [J]. 外语教学与研究，1994（4）.

沈家煊 . 不对称与标记论 [M]. 南昌：江西教育出版社，1999.

沈家煊 . 类型学中的标记模式 [J]. 外语教学与研究，1997（1）.

沈家煊 . 形容词句法功能的标记模式 [J]. 中国语文，1997（4）.

沈家煊 . 语言的"主观性"和"主观化"[J]. 外语教学与研究 .2001（4）.

石锓 . 汉语形容词重叠形式的历史发展 [M]. 北京：商务印书馆，2010.

石锓 . 汉语形容词重叠研究概述 [J]. 武汉理工大学学报（社会科学版），2005（4）.

石毓智 . 肯定和否定的对称与不对称 [M]. 北京：北京语言文化大学出版社，2001.

石毓智 . 语法的认知语义基础 [M]. 南昌：江西教育出版社，2000.

宋晖 . 单音节反义形容词不对称现象研究 [D]. 吉林大学硕士学位论文，2004.

索振羽 . 语用学教程 [M]. 北京：北京大学出版社，2000.

汤亚平 . "好"的本义及文化内涵 [J]. 云南民族学院学报，2001（5）.

唐承贤 . 标记理论探析 [J]. 外语研究，2003（4）.

王惠 . 现代汉语名词词义组合分析 [M]. 北京：北京大学出版社，2004.

王建珍 . "多 / 少"的语法对称性与不对称性 [J]. 语文知识，2007（2）.

王晶 . 现代汉语实词句法功能的不对称研究 [D]. 苏州大学博士学位论文，2008.

王静 . "黑""白"的对称与不对称研究 [D]. 广西师范大学硕士学位论文，2012.

王珏 . 现代汉语名词研究 [M]. 上海：华东师范大学出版社，2001.

王立非 . 关于标记理论 [J]. 外国语，1991.

王立非 . 英语反义形容词的语义标记研究 [J]. 外语研究，1994（2）.

王立非 . 语言标记性的诠释与扩展 [J]. 福建外语，2002（4）.

王丽玲，朱冠明 . "坏"义词的语义演变 [J]. 汉语史学报，2012（12）.

王铭玉 . 语言符号的标记性及其在反义词偶中的体现 [J]. 外语学刊，2004（3）.

王世群 . "好个 X"格式的来源及相关问题研究 [J]. 学术论坛，2012（6）.

王贤钏，张积家 . 形容词、动词重叠对语义认知的影响 [J]. 语言教学与研究，2009（4）.

王晓凌 . "好个……" 结构探析 [J]. 汉语学习，2008（2）.

王寅 . 认知语言学 [M]. 上海：上海外语教育出版社，2007.

温振兴 . 程度副词 "好" 及其相关句式的历史考察 [J]. 山西大学学报（哲学社会科学版），2009（5）.

文炼 . 语言单位的对立和不对称现象 [J]. 语言教学与研究，1990（4）.

吴福祥 . 语义图与语法化 [J]. 世界汉语教学，2014（1）.

吴乐雅 . 现代汉语反义词的对称与不对称研究 [D]. 南京师范大学硕士学位论文，2006.

吴念阳，刘慧敏，徐凝婷 . 褒贬义形容词的垂直方位表征 [J]. 心理科学，2009（3）.

伍晓丹 . 现代汉语反义对举的全称量化研究 [D]. 浙江大学硕士学位论文，2011.

武文杰，徐艳 . 论 "对" 与 "错" 的不对称分布 [J]. 河北大学学报（哲学社会科学版），2008（1）.

武振玉 . 程度副词 "好" 的产生与发展 [J]. 吉林大学社会科学学报，2004（2）.

邢福义，李向农，丁力，储泽祥 . 形容词的 AABB 反义叠结 [J]. 中国语文，1993（5）.

邢福义 . 汉语语法学 [M]. 长春：东北师范大学出版社，1996.

邢福义 . 南味 "好" 字句 [J]. 华中师范大学学报，1995（1）.

邢福义 . 现代汉语语法研究的三个 "充分" [J]. 湖北大学学报（哲学社会科学版），1991（6）.

邢福义 . 邢福义学术论著选 [M]. 武汉：华中师范大学出版社，2003.

邢福义，吴振国 . 语言学概论 [M]. 武汉：华中师范大学出版社，2010.

许光灿 . "大 / 小＋ NP" 不对称性问题的考察 [D]. 广西师范大学硕士学位论文，2005.

闫君 . "坏" 的语法化 [J]. 现代语文（语言研究版），2009（6）.

杨荣华 . "大 / 小" 的对称与不对称研究 [D]. 南京师范大学硕士学位论文，2008.

姚双云 . "主观视点" 理论与汉语语法研究 [J]. 汉语学报，2012（1）.

殷志平 . 对称格式的认知解释 [J]. 语言科学，2004（3）.

尹静静 . "好 / 坏＋ N" 结构多角度考察 [D]. 浙江师范大学硕士学位论文，2010.

于德辉 . 反义词 "高" "低" 的不对称研究 [D]. 云南大学硕士学位论文，2012.

余芳 . "好" 的语义研究 [D]. 南京师范大学硕士学位论文，2008.

俞士汶 . 现代汉语语法信息词典详解 [M]. 北京：清华大学出版社，2003.

袁宾 . 近代汉语"好不"考 [J]. 中国语文，1984（3）.

袁福静 . 形容词做结果补语的粘着动补结构的研究及其词汇——语法教学模式的思考 [D]. 内蒙古师范大学硕士学位论文，2008.

袁嘉 . 现代汉语词汇词义不对称与对外汉语教学 [J]. 西南民族大学学报（人文社科版），2004（8）.

张博 . 反义类比构词中的语义不对应及其成因 [J]. 语言教学与研究，2007（1）.

张伯江，方梅 . 汉语功能语法研究 [M]. 南昌：江西教育出版社，1996.

张定，丁海燕 . 助动词"好"的语法化及相关词汇化现象 [J]. 语言教学与研究，2009（5）.

张凤 . 标记理论的再评价 [J]. 解放军外国语学院学报，1999（6）.

张国宪 . 现代汉语形容词功能与认知研究 [M]. 北京：商务印书馆，2006.

张国宪 . 性质、状态和变化 [J]. 语言教学与研究，2006（3）.

张国宪 . 语言单位的有标记与无标记现象 [J]. 语言教学与研究，1995（4）.

张建理 . 标记性和反义词 [J]. 外国语，1999（3）.

张玲 . 维吾尔语反义形容词不对称现象解析 [J]. 西南民族大学学报（人文社会科学版），2013（5）.

张敏 . 从类型学和认知语法的角度看汉语重叠现象 [J]. 国外语言学，1997（2）.

张敏 . 认知语言学与汉语名词短语 [M]. 北京：中国社会科学出版社，1998.

张谊生 . 试论主观量标记"没"、"不"、"好"[J]. 中国语文，2006（2）.

张玉春 . 释"好"[J]. 东北师大学报，2001（4）.

张振羽 . "好生"的来源与演变更替 [J]. 贵州师范大学学报(社会科学版)，2010(2).

赵聪 . "多 / 少"不对称现象的修辞解读 [J]. 修辞学习，2006（6）.

赵平分，曹卫红 . 汉语反义词不平衡现象及文化阐释 [J]. 河北大学学报（哲学社会科学版），2006（2）.

赵艳芳 . 认知语言学概论 [M]. 上海：上海外语教育出版社，2001.

赵元任 . 中国话的文法 [M]. 香港：中文大学出版社，1980.

郑贵友 . 现代汉语状位形容词的系研究 [M]. 武汉：华中师范大学出版社，2000.

郑怀德，孟庆海 . 形容词用法词典 [M]. 长沙：湖南出版社，1991.

郑懿德 . "X 是 X，就是……" 让转句式考察 [J]. 语言文字应用，2008（2）.

周兢 . 汉语儿童语言发展研究——国际儿童语料库研究方法的应用与发展 [M]. 北京：教育科学出版社，2009.

周静 . "大" 与 "小" 的对称与不对称及相关动因 [J]. 修辞学习，2006（5）.

朱德熙 . 现代汉语形容词研究 [J]. 语言研究，1956（1）.

朱德熙 . 语法讲义 [M]. 北京：商务印书馆，1982.

朱景松 . 形容词重叠式的语法意义 [J]. 语文研究，2003（3）.

Bybee，Joan，Revere Perkins & William Pagliuca.*The Evolution of Grammar: Tense, Aspect and Modality in the Languages of the World* [M].Chicago: The University of Chicago Press，1994.

Cruse，D.A. *Lexical semantics* [M].Cambridge：Cambridge University Press，1986.

Dixon，Robert M.W. Where have all the adjectives gone?[J]. Studies in Language1:19–80，1977.

Dirven, R. & Verspoor, M. *Cognitive Exploration of Language and Linguistics*[M]. Amsterdam: John Benjamins Publishing Company，1998.

Givón，Talmy.*On Understanding Grammar*[M].New York：Academic Press，1979.

Greenberg，Joseph H. (editor). *Universals of language*[M]. 2nd edition. Cambridge，Mass: MIT Press，1966.

Grice，H.P. *Logic and Conversation*[M].In Cole，P.& J.L.Morgan eds.，Syntax and Semantics3：Speech Acts.New York：Academic Press，1975.

Hopper，Paul J. On some principles of grammaticization [A].In Elizabeth Traugott and Bernd Heine (eds). *Approaches to Grammaticalization*[C].Vol. 1: 17–35.Amsterdam:John Benjamins，1991.

Leech，G. *Principles of Pragmatics*[M]. London: Longman Group Ltd，1983.

Croft，William A .*Radical Construction Grammar: Syntactic theory in typological perspective* [M].Oxford :Oxford University Press，2001.

ZIPF，G.K. *Human Behavior and the Principle of Least Effort: An Introduction to Human Ecology* [M]. Cambridge，Mass：Addison–Wesley Press，1949.

反义词"好""坏"的对称性研究

词 典 类

北京语言学院语言教学研究所.现代汉语频率词典[M].北京:北京语言学院出版社,1986.

段玉裁.说文解字注[M].成都:成都古籍书店,1981.

贺国伟等.现代汉语反义词典[M].上海:上海辞书出版社,2009.

李菁民.现代汉语逆序词典[M].北京:华语教学出版社,2011.

李荣.现代汉语方言大词典[M].南京:江苏教育出版社,2002.

吕叔湘.现代汉语八百词[M].北京:商务印书馆,1999.

俞士汶等.现代汉语语法信息词典详解(第二版)[M].北京:清华大学出版社,2003.

中国社会科学院语言研究所词典编辑室.现代汉语词典(第7版)[M].北京:商务印书馆,2016.

160

附　　录

附录一

《现代汉语词典》（第 7 版）中收录的"好""坏"的词条有：好比　好不　好处　好处费　好歹　好端端　好多　好感　好过　好汉　好好　好好先生　好话　好几　好家伙　好景　好久　好看　好来宝　好莱坞　好赖　好了　好力宝　好脸　好评　好气儿　好儿　好人　好人家　好日子　好容易　好生　好声好气　好事　好事多磨　好手　好受　好说　好说歹说　好说话　好似　好天儿　好听　好玩儿　好戏　好像　好笑　好些　好心　好性儿　好样儿的　好意　好意思　好运　好在　好转　好自为之

坏处　坏蛋　坏东西　坏话　坏人　坏事　坏水　坏死　坏账

《现代汉语逆序词典》中收录的"好""坏"的词条有：

倒好儿　刚好　和好　见好　美好　恰好　上好　讨好　完好　相好　行好　幸好　修好　友好　正好　只好　秦晋之好　言归于好

败坏　毁坏　破坏　使坏　损坏　颓坏　气急败坏

161

附录二

　　《现代汉语语法信息词典详解》（第二版）中动词库的动结式分库里有一列"好"的专有项目，用来说明动词能否带结果补语"好"，本书通过人工逐一排查出能带"好"和"坏"的动词，现列表如下，表中符号"＋"表示动词可以与其组合搭配，"一"表示动词与其一般不能搭配使用，容易造成歧义的附配用例：

	动词	好	坏	例
1	安	＋	一	
2	安家	＋	一	安好家了
3	安排	＋		
4	安装	＋		
5	按摩	＋	一	
6	拔	＋	一	草都拔好了再回家
7	把	＋	一	把好质量关
8	把握	＋	一	
9	摆放	＋	一	
10	摆弄	＋	＋	
11	拌	＋	一	
12	办	＋	一	
13	办理	＋	一	
14	包	＋	一	
15	包装	＋	一	
16	剥	＋	一	
17	保管	＋	一	保管好粮食
18	保护	＋	一	
19	保卫	＋	一	保卫好首长的安全
20	抱 A₁	＋	一	
21	抱 B	＋	一	小鸡抱好了
22	背 1	＋	一	
23	背 2	＋	一	
24	备课	＋	一	
25	比较	＋	一	
26	笔录	＋	一	
27	编	＋	一	
28	编辑	＋	一	
29	编写	＋	一	
30	编织	＋	一	
31	变₁	＋	＋	
32	变₂	＋	一	土质变好了
33	别	＋	一	把枪别好再出门
34	并联	＋	一	小灯泡并联好了
35	播种	＋	一	庄稼都播种好了
36	补	＋	一	裤子补好了
37	布置	＋	一	
38	部署	＋	一	兵力部署好了
39	擦	＋	一	
40	猜	＋	一	
41	栽	＋	＋	
42	踩	＋	＋	
43	采访	＋	一	
44	参观	＋	一	

	动词	好	坏	例
45	操持	+	−	把这个家操持好
46	操练	+	−	
47	操纵	+	−	
48	测量	+	−	
49	拆	+	+	
50	唱	+	−	
51	抄写	+	−	
52	炒	+	+	
53	扯	+	+	
54	称	+	−	棉花称好了
55	吃	+	+	
56	冲 A	−	+	
57	冲 B	+	+	
58	宠	−	+	
59	筹备	+	−	
60	出 2	+	−	
61	储藏	+	−	
62	处理	+	−	
63	处置	+	−	
64	穿 1	+	+	
65	穿 2	+	+	
66	传	−	+	
67	创作	+	−	
68	吹	+	−	
69	刺	−	+	
70	凑	+	−	
71	存	+	+	
72	存储	+	−	
73	存放	+	−	
74	搓	+	+	
75	磋商	+	−	
76	搭配	+	−	
77	打	+	+	
78	打扮	+	−	
79	打点	+	−	
80	打量	+	−	

	动词	好	坏	例
81	打算	+	−	
82	打听	+	−	
83	打印	+	−	
84	打（针）	+	−	
85	带	+	−	
86	当	+	−	官当好了也不容易
87	挡	+	−	
88	捣	+	−	
89	导演	+	−	
90	倒	+	−	水倒好了
91	登记	+	−	
92	点	+	−	
93	点缀	+	−	
94	垫	+	−	
95	雕刻	+	−	
96	掉	+	−	车子掉好了
97	调配	+	−	力量调配好
98	跌	−	+	
99	叠	+	−	
100	钉	+	+	
101	定	+	−	
102	订	+	−	
103	订购	+	−	
104	动	+	+	手术没动好留下了后遗症
105	动员	+	−	
106	冻	+	+	
107	读	+	−	
108	堵	+	−	
109	锻炼	+	−	
110	堆	+	−	
111	堆放	+	−	
112	蹲	+	−	
113	饿	−	+	
114	发 1	+	−	豆芽没发发好，不能吃
115	发动	+	−	汽车发动好了

续表

	动词	好	坏	例
116	发挥	+	−	她今天没有发挥好
117	翻	+	−	
118	翻修	+	−	
119	翻译	+	−	
120	翻印	+	−	
121	防守	+	−	把祖国的南大门防守好
122	仿造	+	−	这一雕刻仿造好了
123	纺	+	−	
124	放1	+	−	
125	飞1	+	−	
126	吩咐	+	−	
127	分	−	+	
128	分析	+	−	土质分析好了
129	粉碎	+	−	
130	封闭	+	−	瓶口封闭好了
131	封锁	+	−	
132	缝	+	+	
133	扶	+	−	大家要扶好这位英雄的母亲
134	扶持	+	−	
135	服侍	+	−	老人已服侍好了
136	抚养	+	−	
137	辅导	+	−	
138	复核	+	−	
139	复习	+	−	
140	复印	+	+	
141	复制	+	+	这个花瓶复制坏了
142	改	+	−	
143	改动	+	−	这篇文章改动好了
144	改造	+	−	
145	改正	+	−	
146	改装	+	−	
147	盖	+	−	
148	赶	+	−	
149	干	+	+	
150	搞	+	+	

	动词	好	坏	例
151	割	+	−	
152	更改	+	−	
153	更换	+	−	
154	购买	+	−	明天吃的东西购买好了
155	购置	+	−	
156	挂	+	+	
157	关	+	−	
158	管1	+	+	
159	管2	+	−	把工作管好了
160	管教	+	−	没把孩子管教好
161	管理	+	−	把工作管理好
162	灌溉	+	−	把稻苗灌溉好
163	广播	+	−	
164	规定	+	−	
165	滚	+	+	
166	过滤	+	−	
167	喝	+	−	
168	核对	+	−	
169	核实	+	−	
170	核算	+	−	
171	合计	+	−	这件事我们合计好了
172	合作	+	−	这事应合作好
173	衡量	+	−	
174	轰炸	−	+	
175	糊	+	−	风筝糊好了
176	护	−	+	把孩子给护坏了
177	护理	+	−	
178	划分	+	−	
179	化	+	−	
180	化验	+	−	
181	化装	+	−	
182	换	+	−	
183	换算	+	−	
184	恢复	+	−	
185	回答	+	−	回答好了问题才能坐下

	动词	好	坏	例
186	贿赂	+	−	官员都被我们贿赂好了
187	会	+	−	
188	绘图	+	−	绘好图了
189	绘制	+	−	
190	活动2	+	−	
191	集合	+	−	
192	挤	+	−	
193	计划	+	−	会议计划好了
194	记	+	−	
195	记录	+	−	
196	加	+	−	
197	加工	+	+	
198	架设	+	−	
199	煎	+	−	
200	检查	+	−	
201	检索	+	−	
202	检讨	+	−	
203	检修	+	−	
204	检验	+	−	
205	剪	+	−	
206	鉴别	+	−	
207	鉴定	+	−	
208	建立	+	−	生产线建立好了
209	建设	+	−	
210	讲	+	−	
211	讲解	+	−	
212	讲课	+	−	教师一定要讲好课
213	教	+	+	
214	交待	+	−	
215	交换	+	−	场地交换好了
216	交涉	+	−	问题交涉好了
217	浇	+	+	
218	搅	+	−	
219	搅拌	+	−	
220	教训	+	−	

	动词	好	坏	例
221	教育	+	+	
222	校对	+	−	
223	叫	+	−	
224	接	+	−	
225	接待	+	−	接待好客人
226	接洽	+	−	
227	解决	+	−	
228	解剖	+	−	
229	解说	+	−	
230	借	+	−	
231	介绍	+	−	
232	救	+	−	病救好了
233	军训	+	−	
234	开	+	−	
235	开垦	+	−	
236	勘查	+	−	
237	砍	+	+	
238	看	+	−	
239	扛	+	−	
240	考	+	+	
241	考察	+	−	
242	考核	+	−	
243	考虑	+	−	
244	哭	−	+	
245	捆	+	−	
246	拉 A	+	−	
247	拉 B	−	+	
248	拉 C	+	+	把木料拉好了再运走
249	拦	+	−	菜园拦好了
250	捞	+	−	
251	冷冻	+	−	
252	犁	+	−	
253	理发	+	−	理好发
254	联系	+	−	
255	连结	+	−	
256	练	+	−	

续表

	动词	好	坏	例
257	量	+	−	
258	领导	+	−	领导好这个集体
259	录音	+	−	录好音了
260	绿化	+	−	
261	埋	+	−	
262	埋伏	+	−	战士全埋伏好了
263	买	+	−	
264	美化	+	−	
265	密封	+	−	
266	描绘	+	−	
267	描述	+	−	
268	摸	−	+	
269	摩擦	−	+	
270	拿	+	−	
271	拟定	+	−	草稿拟定好了
272	扭转	+	−	
273	拍照	+	−	
274	排练	+	−	
275	派	+	−	
276	盘算	+	−	
277	跑	+	−	
278	泡	+	+	
279	培训	+	−	
280	培养	+	−	
281	配合	+	−	
282	配音	+	−	配好音
283	捧1	+	−	
284	捧2	−	+	
285	碰	−	+	
286	碰撞	−	+	
287	扑	−	+	
288	祈祷	+	−	
289	骑	+	+	
290	起草	+	−	
291	气	−	+	
292	洽谈	+	−	

	动词	好	坏	例
293	抢	+	+	
294	抢修	+	−	光缆抢修好了
295	敲	+	+	
296	撬	−	+	
297	清查	+	−	
298	清除	+	−	
299	清理	+	−	
300	清洗	+	−	被褥都清洗好了
301	权衡	+	−	希望你权衡好利弊
302	劝	+	−	总算把他俩劝好了
303	揉	+	−	
304	塞	+	−	
305	扫1	+	−	
306	杀	+	−	
307	筛选	+	−	
308	晒	+	+	
309	商量	+	−	
310	上2	+	−	
311	摄制	+	−	
312	设1	+	−	设好了圈套
313	设计	+	−	
314	审查	+	−	
315	审核	+	−	
316	审理	+	−	
317	审讯	+	−	
318	生2	+	−	
319	生活	+	−	
320	施工	+	−	
321	使1	+	+	钢笔使坏了
322	视察	+	−	
323	收2	+	−	
324	收藏	+	−	
325	疏导	+	−	这段河道疏导好了
326	书写	+	−	
327	数1	+	−	
328	拴	+	−	

	动词	好	坏	例
329	睡	+	−	
330	睡觉	+	−	睡好觉再去
331	说	+	−	
332	撕	+	+	
333	思考	+	−	
334	塑造	+	−	
335	算	+	−	
336	锁	+	−	
337	抬	+	−	
338	谈	+	−	
339	躺	+	+	
340	烫	+	+	把酒烫好了再喝
341	掏	+	+	
342	讨论	+	−	
343	踢	+	−	
344	填补	+	−	缝隙填补好了
345	挑选	+	−	
346	调	+	−	
347	调节	+	−	水温调节好了
348	调理	+	−	身体调理好了
349	调配	+	−	
350	调试	+	−	
351	调整	+	−	
352	停放	+	−	把车停放好再进来
353	统计	+	−	
354	统治	+	−	国家大，民族多，统治好这个国家也不容易
355	推	+	−	
356	推敲	+	−	
357	托付	+	−	所有的事都托付好
358	挖	+	−	
359	玩	+	−	
360	维修	+	−	房屋维修好了
361	喂	+	−	
362	问1	+	−	

	动词	好	坏	例
363	握	+	−	
364	洗	+	+	
365	想	+	−	
366	协商	+	−	这件事我们协商好了
367	协调	+	−	
368	写	+	−	
369	修	+	+	
370	修补	+	−	
371	修改	+	−	
372	修理	+	−	
373	修饰1	+	−	
374	修饰2	+	−	文稿修饰好了
375	修造	+	−	你们定的农具修造好了
376	修筑	+	−	
377	休息	+	−	
378	休养	+	−	
379	绣	+	−	
380	选	+	−	
381	选拔	+	−	
382	选择	+	−	
383	学	+	−	
384	训练	+	−	
385	淹	−	+	
386	研究	+	−	
387	研制	+	−	
388	掩护	+	−	把战士掩护好
389	演	+	+	
390	演示	+	−	
391	演习	+	−	
392	验证	+	−	
393	养	+	−	
394	摇	+	−	
395	舀	+	−	
396	引导	+	−	引导好学生，使他们好好学习天天向上

反义词"好""坏"的对称性研究

续表

	动词	好	坏	例
397	隐藏	+	−	
398	印刷	+	−	
399	应付	+	−	
400	应用	+	−	
401	用	+	+	
402	游	+	−	
403	游览	+	−	
404	预定	+	−	房间预定好了
405	约定	+	−	
406	运动	+	−	
407	运用	+	−	
408	酝酿	+	−	
409	栽培	+	−	
410	栽种	+	−	
411	宰	+	−	
412	糟蹋	−	+	
413	造	+	−	芜湖长江大桥造好了
414	炸	+	+	房子炸坏了
415	摘录	+	−	
416	占领	+	−	我们要占领好这块高地
417	张	+	−	
418	张贴	+	−	
419	掌握	+	−	
420	长	+	−	伤口长好了
421	招待	+	−	把来宾招待好
422	找 B	+	−	钱找好了
423	照	+	−	
424	照看	+	−	照看好孩子
425	召集	+	−	
426	遮盖	+	−	

	动词	好	坏	例
427	侦察	+	−	
428	整顿	+	−	
429	整理	+	−	
430	整修	+	−	旧房整修好了
431	执行	+	−	首先要把政策执行好
432	指导	+	−	
433	指挥	+	−	指挥好这场战斗
434	制	+	−	
435	制定	+	−	
436	治	+	−	病治好了
437	治理	+	−	
438	种	+	−	
439	煮	+	−	
440	嘱咐	+	−	
441	主持	+	−	
442	主管	+	−	主管好日常工作
443	注解	+	−	
444	注释	+	−	
445	撰写	+	−	
446	装饰	+	−	
447	装卸	+	−	
448	装修	+	−	
449	准备	+	−	
450	总结	+	−	把前人的经验总结好了
451	走	+	−	请走好
452	组织	+	−	
453	琢磨	+	−	
454	做 1	+	−	
455	做 2	+	+	做好会计工作
456	坐	+	−	

168

附录三

以下表格为"好""坏"与名词组配可行性表，统计来自于各大语料库和百度搜索引擎的搜索结果，用符号"＋"表示可见具体语料，代表此用法存在，用"－"表示未见用例，表示此组合使用频率极低，一般不使用。

	好	坏			好	坏			好	坏
板	＋	＋		布	＋	＋		船	＋	＋
办法	＋	＋		布告	＋	＋		窗户	＋	＋
报社	＋	＋		布景	＋	＋		窗帘	＋	＋
报纸	＋	＋		菜	＋	＋		床	＋	＋
碑	＋	＋		蚕	＋	＋		词	＋	＋
被单	＋	＋		苍蝇	－	＋		葱	＋	＋
被面	＋	＋		草	＋	＋		锉	＋	＋
被子	＋	＋		铲子	＋	＋		掸子	＋	＋
鼻涕	－	－		肠子	＋	＋		刀	＋	＋
鼻子	＋	＋		唱片	＋	＋		岛	＋	－
比赛	＋	－		钞票	＋	＋		稻草	＋	－
笔	＋	＋		车	＋	＋		稻子	＋	＋
鞭炮	＋	＋		车床	＋	＋		灯	＋	＋
鞭子	＋	＋		车厢	＋	＋		灯管	＋	＋
扁担	＋	＋		车站	＋	＋		凳子	＋	＋
标语	＋	＋		成绩	＋	＋		笛子	＋	＋
表（表格）	＋	＋		城	＋	＋		地	＋	＋
表（手表）	＋	＋		城市	＋	＋		地雷	＋	＋
冰	＋	－		秤	＋	＋		地图	＋	＋
冰雹	－	－		尺	＋	＋		点心	＋	＋
饼干	＋	＋		翅膀	＋	＋		电池	＋	＋
病	－	＋		虫	＋	＋		电线	＋	＋
玻璃	＋	＋		锄头	＋	＋		电影	＋	＋

续表

	好	坏		好	坏		好	坏
钉子	+	+	骨头	+	+	肩膀	+	+
东西	+	+	鼓	+	+	剪子	+	+
豆腐	+	+	故事	+	+	剑	+	+
豆子	+	+	瓜	+	+	箭	+	+
队伍	+	+	瓜子	+	+	江	−	−
耳朵	+	+	挂面	+	+	姜	+	+
耳环	+	+	关口	+	+	交易	+	+
饭	+	+	棺材	+	+	教室	+	+
饭店	+	+	管子	+	+	角	+	+
房间	+	+	光	−	−	脚	+	+
房子	+	+	锅	+	+	轿子	+	−
飞机	+	+	汗	−	−	街	+	+
肥皂	+	+	汗珠	−	−	筋	−	−
坟	+	+	河	+	−	劲	−	−
风	+	+	河堤	+	+	井	+	+
风景	+	+	虹	−	−	镜子	+	+
缝纫机	+	+	狐狸	+	+	橘子	+	+
斧子	+	+	胡子	+	−	剧院	+	−
甘蔗	+	+	蝴蝶	−	−	锯	+	+
缸	+	+	花	+	−	军队	+	−
膏药	+	−	花生	+	+	军舰	+	+
镐	+	+	话	+	+	炕	−	−
胳臂	+	+	画	+	+	客人	+	+
歌	+	−	黄瓜	+	+	课	+	+
革命	+	−	灰	−	−	课程	+	−
工厂	+	+	火	−	−	口袋	+	+
工具	+	+	火柴	+	+	口号	+	+
工人	+	+	火车	+	+	裤子	+	+
工序	+	−	火箭	+	+	筷子	+	+
工资	+	−	货物	+	+	筐	+	+
工作	+	+	机器	+	+	矿山	+	−
弓	+	+	机枪	+	+	垃圾	−	−
功课	+	−	鸡	−	−	喇叭	+	+
宫殿	+	−	计划	+	+	蜡烛	+	+
沟	−	−	技术	+	+	篮子	+	+
狗	+	+	家具	+	+	狼	+	+

	好	坏
老虎	+	+
老鼠	+	+
烙饼	+	+
雷	—	—
犁	+	+
篱笆	+	+
礼堂	+	—
礼物	+	+
理由	+	+
力量	+	+
帘子	+	+
粮食	+	+
楼	+	+
楼房	+	+
路	+	+
路线	+	+
露水	+	—
驴	+	+
旅馆	+	—
轮子	+	+
锣	+	+
骡子	+	+
骆驼	+	+
麻	+	—
麻袋	+	+
马	+	+
马达	+	+
码头	+	+
麦子	+	+
馒头	+	+
猫	+	+
毛	—	—
毛线	+	+
矛盾	—	—
帽子	+	+
眉毛	+	+

	好	坏
门	+	+
米	+	+
蜜蜂	+	+
棉花	+	+
名胜	—	—
命	+	+
命令	+	+
磨	+	+
墨	+	+
木头	+	+
泥	+	+
碾子	+	+
鸟	+	+
尿	—	—
牛	+	+
藕	+	+
螃蟹	+	+
炮	+	+
炮艇	+	+
皮	+	+
琵琶	+	+
劈柴	+	+
票	+	+
牌	+	+
葡萄	+	+
棋	+	+
棋子	+	+
旗	+	+
企业	+	+
气	—	—
钱	+	+
枪	+	+
墙	+	+
锹	+	+
桥	+	+
亲戚	+	+

	好	坏
琴	+	+
青蛙	+	+
蜻蜓	—	—
蛆		
裙子	+	+
人	+	+
人家	+	+
任务	+	+
日记	+	+
肉	+	+
伞	+	+
嗓子	+	+
扫帚	+	+
森林	+	+
砂子	+	+
山	+	—
山口	—	—
山脉		
闪电	—	—
扇子	+	+
伤		
伤疤	—	—
商店	+	+
商品	+	+
上衣	+	+
烧饼	+	+
勺子	+	+
舌头	+	+
蛇	+	+
神经		
牲口	+	+
绳子	+	+
尸体	—	—
诗	+	+
石头	+	+
屎	—	—

续表

	好	坏
收入	+	+
收音机	+	+
手巾	+	+
手榴弹	+	+
手套	+	+
手镯	+	+
书	+	+
书店	+	+
梳子	+	+
树	+	+
树枝	+	+
刷子	+	+
霜	+	+
水	+	+
水泵	+	+
水车	+	+
水库	+	+
水桶	+	+
丝	+	+
塑像	+	+
蒜	+	+
算盘	+	+
隧道	+	+
唢呐	+	+
锁	+	+
塔	+	+
台阶	+	+
痰	—	—
坦克	+	+
毯子	+	+
糖	+	+
梯子	+	+
题	+	+
蹄子	+	+
田	+	+
铁丝	+	+

	好	坏
头发	+	+
头巾	+	+
图章	+	+
土	+	+
兔子	+	+
腿	+	+
拖拉机	+	+
唾沫	—	—
瓦	+	+
碗	+	+
围巾	+	+
尾巴	+	+
味	+	+
文件	+	+
文章	+	+
蚊帐	+	+
蚊子	+	+
屋子	+	+
武器	+	+
西瓜	+	+
席子	+	+
戏	+	+
虾	+	+
霞	—	—
弦	+	+
线	+	+
香	+	+
香肠	+	+
香蕉	+	+
香烟	+	+
箱子	+	+
相片	+	+
象	+	+
消息	+	+
箫	+	+
小说	+	+

	好	坏
笑容	+	+
笑脸	—	—
鞋	+	+
心	+	+
心意	+	+
信	+	+
信箱	+	+
星	—	—
行李	+	+
凶器	+	+
学问	+	+
学校	+	+
血	+	+
雪	+	—
鸭子	+	+
牙齿	+	+
牙膏	+	+
牙刷	+	+
烟	+	+
眼睛	+	+
眼镜	+	+
眼泪	+	+
砚台	+	+
雁	+	—
秧苗	+	+
羊	+	+
腰带	+	+
药	+	+
钥匙	+	+
叶子	+	+
衣服	+	+
医院	+	+
仪器	+	+
仪式	+	—
椅子	+	+
意见	+	+

	好	坏
影片	＋	＋
影子	－	－
银行	＋	＋
邮票	＋	＋
鱼	＋	＋
鱼网	＋	＋
雨	＋	＋
鸳鸯	＋	＋
原则	＋	＋
月饼	＋	＋
乐器	＋	＋
乐曲	＋	－
云	－	－
运动	＋	＋
杂志	＋	＋

	好	坏
灾荒	－	－
水闸	＋	＋
炸弹	＋	＋
债务	＋	＋
战斗	－	－
战线	＋	＋
战争	＋	＋
账	－	＋
针	＋	＋
枕头	＋	＋
政策	＋	＋
职业	＋	＋
纸	＋	＋
制度	＋	＋
钟	＋	＋

	好	坏
种子	＋	＋
珠子	＋	＋
猪	＋	＋
竹子	＋	＋
主张	＋	＋
柱子	＋	＋
砖	＋	＋
锥子	＋	＋
桌子	＋	＋
子弹	＋	＋
字	＋	＋
钻	＋	＋
钻石	＋	＋
嘴	＋	＋

后 记

本书是在我的博士学位论文基础上修订而成的，拙作的出版离不开许多人的关心。一路走来，要感谢的人特别多。

从 2004 年踏入华中师范大学文学院到 2014 年博士毕业，我在"华师"度过了十个春秋，"华师"的每一个角落，一花一草、一树一木，都尽在我眼里心里。在"华师"这所温馨熟悉的美丽校园里，我收获了知识，丰富了人生，学到了"忠诚博雅、朴实刚毅"的可贵精神，"华师"是我心中重要的家园，也是我梦想开始的地方。

在难能可贵的学习生涯里，我感激遇到了许多令我受益终身的恩师，他们在我迷茫时、困惑时给我光明的指引。首先感谢我的博士导师吴振国老师。吴老师是认真严谨的，也是和蔼可亲的，在对待我的每一篇文章，小到小论文，大到学位论文，吴老师都悉心指导，提出许多修改意见，对于我提出的每一个问题，吴老师都不厌其烦地耐心解答，老师每一次的耳提面命都使我受益匪浅。还要感谢我的硕士导师刘云老师。刘老师将我带入了语言学的殿堂，总是在学业上不断地勉励我关心我。我深知自己还有许多需要改善的地方，唯有继续努力，才能不辜负老师的期望。还有华中师范大学语言学团队的诸多可亲可敬的老师：李向农老师、储泽祥老师、汪国胜老师、罗耀华老师、姚双云老师、匡鹏飞老师等，感谢你们一直以来给予我的无私的帮助和关怀，同时也要感谢语言学专业诸多志同道合的兄弟姐妹们。

2014 年，我进入武汉理工大学政治与行政学院汉语言学系工作，成为这个朝气蓬勃的大家庭中的一分子，感谢学院领导对青年教师的关心和爱护，感谢汉语言学系诸位同事的相互扶持。在学院浓郁的学术氛围中，我在工作后的三年里主持教育部人文社科青年项目 1 项、湖北省教育科学规划项目 1 项、中央高校基本科研业务基金项目 2 项、武汉理工大学教学研究项目 1 项。基于以上课题和学位论文相关研究，在重要学术期刊上发表论文数篇，被评为武汉理工大学 2017 年青年教学名师。在此也对这些刊物表示深深的感谢，感谢为我提供了与同行交流和向同行学习的宝贵机会。感谢武汉理工大学政治与行政学院毛传清院长对本书的出版给予大力的支持，感谢政治与行政学院学术专著出版基金对本书的资助。未来的路还很长，我还要继续奋斗。

　　最后我要感谢我的家人们，我的喜怒哀乐总是时刻牵动着他们的心，他们总是义无反顾地支持着我的每一个梦想，做我坚强的后盾和永远的倾听者。

　　感谢你们，那些我生命中出现的贵人和恩人，感谢你们让我走得更高更远！今后我将继续前行，"抬头是山，路在脚下"，继续攀登语言学的山峰，欣赏美丽的人生风景。

曾　李

2017 年 12 月于武汉南湖